ORDONNANCE DU ROI,

Portant règlement pour le payement des Troupes de Sa Majesté, pendant l'hiver.

Du premier Avril 1759.

A PARIS,

DE L'IMPRIMERIE ROYALE.

M. DCCLIX.

TABLE

Des Articles & Titres contenus en l'ordonnance du
Roi, du premier Avril 1759, portant règlement
pour le payement des Troupes de Sa Majesté,
pendant l'hiver.

ARTICLE I. *Gardes.-françoises.* . . . . Page 1

ART.. II. *Gardes-suisses.* 3

ART.. III. *Infanterie françoise.* 4

ART.. IV. *Pensions de vingt régimens d'Infanterie françoise.* 15

ART. V. *Corps des Grenadiers de France.* 16

ART. VI. *Corps royal de l'Artillerie* 18

ART. VII. *Milices.* 23

Troupes Boulonnoises. 27

Milices du Roussillon. 29

Milices Béarnoises, Gramontoises & des pays de Navarre, de Labour & de Soule. 30

Compagnie de Montboissier aux isles Sainte-Marguerite. 32

ART. VIII. *Invalides.* 33

ART. IX. *Troupes légères.* 38

ART. X. *Infanterie Suisse & Grisonne.* 56

ART. XI. *Infanterie étrangère.* 59

ART. XII. *Rang des Compagnies.* 78

ART. XIII. _Gendarmerie_ 79

ART. XIV. _Cavalerie , Carabiniers , Huſſards &_
   Dragons. 84

   Gratifications annuelles attachées au rang
   des Capitaines , & aux charges. des
   Majors & Aides-majors, &c. 105

   Places d'Uſtenſile. 106

   Supplément d'appointemens aux Majors
   & Aides-majors de Cavalerie fran-
   çoiſe, &c. 107

   Remonte. . . . . ibid.

ART. XV. _Officiers Réformés dans les provinces._ . . 110

ART. XVI. _Fourrage._ 111

   Uſtenſile de l'Infanterie. 132

   Uſtenſile de la Gendarmerie & de la
   Cavalerie françoiſe & étrangère, Carabi-
   niers, Huſſards, Dragons & Troupes
   légères. 134

   Règlement pour le payement de l'uſtenſile
   des Troupes à cheval, pendant l'hiver
   & la campagne. 139

ART. XVII. _Décompte des troupes d'Infanterie en_
   marche ; & ſupplément de ſolde en route. 144

ART. XVIII. _Logement des gens de guerre._ 156

ORDONNANCE

ORDONNANCE
DU ROI,

Portant règlement pour le payement des Troupes de Sa Majesté, pendant l'hiver.

Du premier Avril 1759.

DE PAR LE ROI.

SA MAJESTÉ voulant régler le traitement qui sera fait à ses troupes, tant françoises qu'étrangères, pendant l'hiver 1758 à 1759, à commencer du premier novembre 1758, a ordonné & ordonne ce qui suit :

ARTICLE PREMIER.

CHACUNE des trois compagnies de Grenadiers du régiment des Gardes-françoises, composée d'un Capitaine, deux Lieutenans, deux Sous-lieutenans, deux Enseignes, & cent dix hommes, dont six Sergens, trois Caporaux, neuf Anspessades, quatre-vingt-huit Grenadiers, & quatre Tambours, sera payée sur le pied de trois cens soixante livres huit sols par mois au Capitaine, deux cens vingt-

GARDES-FRANÇOISES.

Compagnies de Grenadiers.

A

cinq livres feize fols huit deniers à chaque Lieutenant, cent dix livres huit fols quatre deniers à chaque Sous-lieutenant, foixante-treize livres fix fols huit deniers à chaque Enfeigne, quarante livres un fol huit deniers à chacun des cinq premiers Sergens, trente-huit livres quinze fols au fixième Sergent, vingt-deux livres cinq fols à chaque Caporal, dix-neuf livres quinze fols à chaque Anfpeffade & Tambour, feize livres quinze fols à chaque Grenadier; pareilles feize livres quinze fols pour la paye du Major, dix livres quinze fols pour celle du Commiff.ire; & feize livres quinze fols pour chacune des douze payes de *Payes* gratification que Sa Majefté accorde au Capitaine, fa com-*de gratification.* pagnie étant complète de cent dix hommes, huit feule-ment à cent quatre jufqu'à cent neuf, & rien au deffous dudit nombre de cent quatre hommes.

Compagnies Chacune des trente compagnies de Fufiliers, compofée *de Fufiliers.* d'un Capitaine, un Lieutenant, un premier & fecond Sous-lieutenant, deux Enfeignes, fix Sergens, trois Capo-raux, neuf Anfpeffades, quatre Tambours, & cent dix-huit Fufiliers, y compris les quatorze qui ont été mis d'augmentation dans chacune defdites trente compa-gnies, par ordonnance du 28 feptembre 1756, pour les mettre de cent vingt-fix à cent quarante hommes, fera payée fur le pied par mois, de deux cens cinquante-cinq livres au Capitaine, cent foixante-dix livres feize fols huit deniers au Lieutenant, quatre-vingt-cinq livres huit fols quatre deniers à chacun des premier & fecond Sous-lieutenans, cinquante-cinq livres à chaque Enfeigne, trente-cinq livres dix-huit fols quatre deniers à chacun des quatre premiers Sergens, trente-quatre livres quatre fols deux deniers à chacun des deux autres, dix-

huit livres dix-huit fols quatre deniers à chaque Caporal,
dix-fept livres cinq fols à chaque Anfpeffade & Tambour,
quatorze livres quinze fols à chaque Fufilier; pareilles quatorze livres quinze fols pour la paye du Major, dix livres
quinze fols pour celle du Commiffaire; & pareilles dix
livres quinze fols pour chacune des quatorze payes de
gratification que Sa Majefté accorde au Capitaine, fa
compagnie étant complète de cent quarante hommes,
les Officiers non compris, n'en devant recevoir que fept
fa compagnie étant à cent trente-deux jufqu'à cent trente-
neuf hommes inclufivement, & rien au deffous dudit
nombre de cent trente-deux hommes.

Payes
de gratification.

Il fera payé en outre à chacun des Capitaines trente
fols par jour, pour appointer les trente meilleurs Soldats
de fa compagnie.

A l'égard des Officiers de l'État-major dudit régiment,
ils continueront d'être payés de leurs appointemens
fuivant les états que Sa Majefté en fera expédier.

État-major.

I I.

CHACUNE des douze compagnies du régiment des
Gardes-fuiffes, compofée de deux cens hommes, les Officiers compris, fera payée à raifon de vingt livres fix fols
par mois pour chaque homme, & pour chacune des trente
payes de gratification que Sa Majefté accorde au Capitaine,
fa compagnie étant de cent foixante-quinze hommes
& au deffus, jufqu'au complet de deux cens hommes : Sa
Majefté trouve bon auffi de faire payer au Capitaine la
fomme de cent quarante-deux livres deux fols par mois,
pour appointer les Porte-outils, & les plus anciens &
apparens Soldats de fa compagnie. Au moyen de quoi
ledit Capitaine doit avoir & entretenir un Lieutenant,

GARDES-
SUISSES.

Payes
de gratification.

à raifon de cent cinquante livres par mois, un fecond Lieutenant à cent vingt livres, un Sous-lieutenant à quatre-vingt-dix livres, & deux Enfeignes à foixante-quinze livres chacun, deux Sergens à trente-cinq livres chacun, trois autres Sergens à trente livres, & trois autres à vingt-cinq livres, un Chirurgien à trente livres, quatre Trabans, fix Tambours, un Fifre, fix Caporaux, fix Appointés, & cent foixante-deux Soldats : Sa Majefté ayant auffi réglé qu'outre les Officiers ci-deffus, les Capitaines qui auront des régimens, feront tenus d'avoir un Capitaine-lieutenant, pour commander leur compagnie, qu'ils payeront à raifon de deux cens livres par mois.

État-major du régiment, & Officiers de la Compagnie Générale. Les Officiers de l'État-major, & ceux de la Compagnie générale dudit régiment des Gardes-fuiffes, continueront d'être payés fuivant les états & ordres que Sa Majefté fera expédier.

I I I.

INFANTERIE FRANÇOISE.

INFANTERIE FRANÇOISE. CHAQUE bataillon d'Infanterie françoife, mis par ordonnance du premier août 1755, à dix-fept compagnies, dont une de Grenadiers de quarante-cinq hommes, & feize de Fufiliers de quarante hommes, faifant au total fix cens quatre-vingt-cinq hommes, fera payé fur le pied par jour, favoir :

Compagnies de Grenadiers. La compagnie de Grenadiers, à raifon de fix livres au Capitaine, y compris trente-neuf fols fix deniers de fupplément.

Quarante fols au Lieutenant, y compris deux fols dix deniers de premier fupplément, & cinq fols deux deniers de fecond fupplément.

Vingt - fix fols huit deniers au Sous - lieutenant, y compris fix fols huit deniers de fupplément.

Douze fols quatre deniers à chacun des deux Sergens, huit fols huit deniers à chacun des trois Caporaux, fept fols huit deniers à chacun des trois Anfpeffades, fix fols huit deniers à chacun des trente-fix Grenadiers & au Tambour.

Le Capitaine, outre l'appointement ci-deffus, recevra cinq payes de gratification de fix fols huit deniers chacune, dont deux payes de fupplément, fa compagnie étant complète de quarante-cinq hommes, & rien au deffous dudit nombre.

Payes de gratification.

Le Capitaine de Grenadiers, au moyen du traitement ci-deffus, payera vingt-cinq livres de chaque Soldat qui fera tiré du régiment pour entrer dans fa compagnie.

Soldats tirés pour les Grenadiers.

Chacune des feize compagnies de Fufiliers de chaque bataillon, fera payée fur le pied par jour, favoir:

Compagnies de Fufiliers.

Aux Capitaines des quatre premières compagnies, à raifon de cinq livres fix fols huit deniers chacun, y compris feize fols huit deniers de premier fupplément, & quarante fols de fecond fupplément.

Aux Capitaines des quatre compagnies qui fuivent par leur rang, à raifon de quatre livres treize fols quatre deniers à chacun, y compris feize fols huit deniers de premier fupplément, & vingt-fix fols huit deniers de fecond fupplément.

Aux Capitaines des huit dernières compagnies, à raifon de quatre livres à chacun, y compris feize fols huit deniers de premier fupplément, & treize fols quatre deniers de fecond fupplément.

A chaque Lieutenant des feize compagnies de Fufiliers, trente-trois fols quatre deniers, y compris deux fols dix deniers de premier fupplément, & dix fols fix deniers de fecond fupplément.

A l'égard des Sergens, Caporaux, Anfpeffades & Fufiliers defdites compagnies de Fufiliers, ils feront payés fur le pied par jour, de onze fols quatre deniers à chacun des deux Sergens, fept fols huit deniers à chacun des trois Caporaux, fix fols huit deniers à chacun des trois Anfpeffades, & cinq fols huit deniers à chacun des trente-un Fufiliers & au Tambour.

Payes
de gratification. Le Capitaine de Fufiliers, outre l'appointement ci-deffus, recevra cinq payes de gratification de cinq fols huit deniers chacune, dont deux payes de fupplément, fa compagnie étant complète de quarante hommes, trois à trente-neuf, une feulement à trente-huit hommes, & rien au deffous dudit nombre de trente-huit hommes.

Soldats fur-
numéraires du
régiment du Roi. Les cinq hommes furnuméraires par compagnie, établis dans le régiment d'Infanterie du Roi, par ordonnance du 7 feptembre 1741, & que Sa Majefté, par celles des 20 février 1749 & premier août 1755, a bien voulu continuer d'y entretenir au-delà du complet en chacune des foixante-huit compagnies dudit régiment, fans tirer à conféquence pour les autres régimens de fon Infanterie françoife, y recevront leur folde fur le pied de fix fols huit deniers par jour à chaque Grenadier, & de cinq fols huit deniers à chaque Fufilier qui fera préfent aux revûes des Commiffaires des guerres, jufqu'audit nombre de cinq par compagnie; fans que cela produife aucune augmentation dans les Haute-payes, ni dans les payes de gratification defdites compagnies.

Capitaines
en fecond. Les Capitaines en fecond, qui, par la réforme, rempliffent des places de Lieutenant dans les compagnies de

Fuſiliers en ladite qualité de Capitaines en ſecond, ſeront payés de leurs appointemens, à raiſon de quarante-deux ſols chacun par jour, tant qu'ils ſerviront en ladite qualité ; leſquelles places de ſeconds Officiers des compagnies de Fuſiliers, ne pourront être remplies, au défaut de Capitaines en ſecond actuellement en chaque régiment, que par des Lieutenans aux appointemens attachés à ce grade, de trente-trois ſols quatre deniers par jour.

Les deux Enſeignes entretenus pour porter les deux *Enſeignes.* drapeaux que Sa Majeſté a réglé, par ſon ordonnance du 10 février 1749, qu'il y auroit à l'avenir par bataillon, avec rang de Lieutenant, recevront leurs appointemens ſur le pied de vingt - deux ſols huit deniers chacun par jour, y compris deux ſols dix deniers de premier ſupplément, & quatre ſols dix deniers de ſecond ſupplément.

Les Lieutenans en ſecond que Sa Majeſté, par ſon *Lieutenans en* ordonnance du 20 février 1749, a bien voulu conſerver *ſecond, ſans* ſans appointemens, ſur le pied d'un en chacune des com- *appointemens,* pagnies de Fuſiliers de ſon régiment d'Infanterie où il *au régiment* n'y a point d'Enſeigne ; & le Sous-lieutenant que Sa *d'Infanterie* Majeſté, par ſon ordonnance du 8 novembre 1750, a *du Roi.* auſſi établi ſans appointemens en chacune des compagnies de Fuſiliers dudit régiment, auront ſeulement le logement dans tous les lieux où ſe trouvera ledit régiment, & l'étape en route, ainſi qu'elle a été réglée par l'ordonnance du premier avril 1737.

Les Officiers de l'État-major de chaque premier bataillon *État-major du* ou des régimens d'Infanterie françoiſe, y compris ceux où *premier bataillon* il y a Prevôté, ſeront payés ſur le pied par jour, ſavoir ; de *de chaque régi-* cinq livres au Colonel, tant pour lui tenir lieu des appoin- *ment.* temens dont il jouiſſoit comme Capitaine, que de ceux de

Colonel; de quatre livres treize fols quatre deniers d'appointemens au Lieutenant-colonel, indépendamment de cinq livres onze fols un denier un tiers, à titre d'augmentation de traitement, auxquels Colonel & Lieutenant-colonel Sa Majefté a jugé convenable, par fon ordonnance du 10 février 1749, d'ôter les compagnies qu'ils commandoient ci-devant; cinq livres fix fols huit deniers au Major, y compris feize fols huit deniers de premier fupplément, & quarante fols de fecond fupplément; quatre livres au fecond Major du régiment du Roi, établi par ordonnance du premier juillet 1758, en fupprimant le cinquième Aide-major; trois livres fix fols huit deniers à l'Aide-major, y compris deux fols dix deniers de premier fupplément, & trente fols fix deniers de fecond fupplément; vingt fols au Maréchal-des-logis, & dix fols à chacun des Aumônier & Chirurgien.

Colonel-lieutenant du régiment du Roi.

Sa Majefté ayant réglé par fon ordonnance du 20 février 1749, que la compagnie Colonelle de fon régiment d'Infanterie feroit confervée, & commandée comme ci-devant par le Colonel-lieutenant, il ne fera payé en ladite qualité de Colonel que fur le pied de trente-trois fols quatre deniers par jour, indépendamment des appointemens qu'il recevra comme Capitaine, à raifon de quatre livres par jour, les gradations d'augmentation de traitemens, établies pour les compagnies de Fufiliers, devant avoir lieu pour ledit régiment comme pour les autres de l'Infanterie françoife, à commencer du premier Capitaine factionnaire.

Colonel en fecond du régiment des Gardes de Lorraine.

Sa Majefté ayant réglé par fon ordonnance particulière du 12 janvier 1750, que le fieur Chevalier de Beauveau, Colonel en fecond du régiment des Gardes de Lorraine,

auroit

auroit les mêmes appointemens de cinq livres par jour, dont jouiffent les Colonels en pied, du jour qu'il a ceffé d'avoir une compagnie par la réforme ; il continuera de recevoir lefdits appointemens, tant qu'il fervira en ladite qualité de Colonel en fecond.

Les Officiers de la Prevôté qui eft en chacun des régi- *Prevôté en trente-cinq régimens.* mens de Picardie, Champagne, Navarre, Piémont, Normandie, la Marine, la Tour-du-Pin, Bourbonnois, Auvergne, Belfunce, Talaru, du Roi, Royal, Lyonnois, Dauphin, d'Aquitaine, d'Eu, la Reine, Royal-des-Vaiffeaux, Orléans, la Couronne, Artois, Royal-Rouffillon, Condé, Bourbon, Royal-la-Marine, Royal-Comtois, Rohan-Rochefort, Nice, Penthièvre, Chartres, Conti, Enghien, Gardes de Lorraine, & ceux de la Prevôté établis par ordonnance du 9 février 1753, dans le régiment de la Marche-Prince, feront payés fur le pied par jour, de vingt-fix fols huit deniers au Prevôt, treize fols quatre deniers à fon Lieutenant, huit fols quatre deniers au Greffier, & cinq fols à chacun des cinq Archers & à l'Exécuteur de juftice.

Le Commandant de chacun des fecond, troifième & *État-major des fecond, troifième & quatrième bataillons.* quatrième bataillons des régimens où il y en a ce nombre, & auquel, par ordonnance du 10 février 1749, on a ôté la compagnie qu'il commandoit, fera payé fur le pied de quatre livres d'appointemens par jour, indépendamment de deux livres quinze fols fix deniers deux tiers, auffi par jour, à titre d'augmentation de traitement ; & l'Aide-major de chacun defdits bataillons, recevra trois livres fix fols huit deniers par jour, y compris deux fols dix deniers de premier fupplément, & trente fols fix deniers de fecond fupplément.

B

Les quatre Sous-aides-major que Sa Majefté a établis dans fon régiment d'Infanterie par ordonnance du 20 juillet 1753, continueront de recevoir les feize livres treize fols quatre deniers par mois, réglées par ladite ordonnance, indépendamment de leurs appointemens de Lieutenans.

Les Officiers qui commandoient les bataillons qui ont été réformés par les réductions ordonnées dans l'Infanterie françoife en 1748 & 1749, continueront de jouir, en conféquence de l'article X de l'ordonnance du 10 février 1749, des trente-fix fols huit deniers par jour qu'ils avoient en ladite qualité de Commandant de bataillon, jufqu'à ce qu'ils foient remplacés; & ce indépendamment des appointemens de Capitaine de leur compagnie, avec laquelle ils ont paffé dans les bataillons qui font reftés fur pied, en confervant les appointemens, le titre & le rang de Commandant de bataillon.

Les quatre compagnies de nouvelle levée, reftées en France, de chacun des feconds bataillons des régimens Royal-Rouffillon & la Sarre, paffés en Canada, feront payées de leur folde fur le pied du nombre d'hommes dont elles feront compofées aux revûes des Commiffaires des guerres, & les Capitaines, fur le pied ci-deffus réglé pour les Capitaines des huit dernières compagnies de Fufiliers de chaque bataillon, qui eft de quatre livres par jour. Les Lieutenans recevront auffi les mêmes appointemens ci-deffus réglés pour les Lieutenans des compagnies de Fufiliers, qui font de trente-trois fols quatre deniers par jour.

Les Officiers réformés à la fuite des régimens d'Infanterie françoife, y feront payés des appointemens par mois qui leur ont été réglés, en paffant préfens aux revûes.

Les régimens d'Infanterie françoife & étrangère, qui fervent dans les ifles de Minorque & de Corfe, feront payés de leur folde fur le même pied réglé par la préfente ordonnance; & à l'égard du traitement extraordinaire que Sa Majefté leur a accordé, ils continueront à en jouir fur le pied des règlemens qui en ont été ordonnés; le payement de laquelle folde & traitemens extraordinaires fera fait par les Tréforiers fervant près lefdites troupes dans lefdites ifles, & la dépenfe employée dans leurs comptes. *Régimens qui fervent dans les ifles de Minorque & de Corfe.*

Les Officiers qui, en conféquence des ordonnances des 30 décembre 1757 & 9 avril 1758, repréfenteront ceux qui font prifonniers de guerre, continueront de jouir en conféquence defdites ordonnances, favoir, les Capitaines exploitant les compagnies des Capitaines prifonniers, des appointemens de quatre livres par jour, quand même ils repréfenteroient des Capitaines des premières compagnies, auxquels Sa Majefté a réglé des appointemens plus forts. *Officiers repréfentans ceux prifonniers de guerre.*

Lefdits Capitaines repréfentans, continueront de jouir auffi de tout le traitement attaché à leur grade, ainfi que des émolumens de la compagnie qu'ils exploitent, de l'entretien & des réparations de laquelle ils feront tenus.

Les Lieutenans qui remplaceront ceux qui font prifonniers, feront payés fur le pied réglé pour les autres Lieutenans.

Et les Aides-majors qui repréfenteront les Aides-majors prifonniers, recevront les mêmes appointemens des autres Aides-majors de l'Infanterie françoife. A l'égard des Officiers prifonniers, ils feront payés ainfi que Sa Majefté s'en eſt expliquée par leſdites ordonnances, ſur des ordres particuliers, & Elle entend qu'ils jouiſſent, des augmentations de traitement réglé par la préſente ordonnance, ſuivant leur grade & le rang qui leur eſt conſervé.

Les Officiers qui auront été nommés pour repréſenter les Lieutenans - colonels, Commandans de bataillon, Majors & Capitaines de Grenadiers priſonniers, jouiront des appointemens & fourrages attribués à chacun de ces grades, & les Officiers priſonniers qu'ils repréſenteront, feront payés ſur les ordres particuliers de Sa Majeſté.

Entend Sa Majeſté que les penſions attribuées aux Lieutenans-colonels & premiers Capitaines de vingt régimens de ſon Infanterie Françoiſe, ainſi que les gratifications attachées aux charges, continuent d'être payées aux Officiers priſonniers qui en jouiſſent.

Royal-Lorraine & Royal-Barrois. Les régimens Royal-Lorraine & Royal-Barrois, formés par ordonnance du 20 mars 1757, & compoſés chacun d'un bataillon de ſix cens quatre-vingt-cinq hommes en neuf compagnies, dont une de Grenadiers de quarante-cinq hommes, & huit de Fuſiliers de quatre-vingts hommes, feront payés ſur le pied par jour, ſavoir:

Compagnie de Grenadiers. Chaque compagnie de Grenadiers, de ſix livres au Capitaine en pied; trois livres au Lieutenant en premier, quarante ſols au Lieutenant en ſecond, douze ſols quatre deniers à chacun des trois Sergens, huit ſols huit deniers à chacun des trois Caporaux, ſept ſols huit deniers à chacun des trois Anſpeſſades, & ſix ſols huit deniers à chacun des trente-cinq Grenadiers & au Tambour.

Compagnies de Fuſiliers. Chaque compagnie de Fuſiliers ſera payée ſur le pied par jour, de cinq livres au Capitaine en pied, trois livres

dix fols au Capitaine en fecond, cinquante fols au Lieutenant en premier, trente-trois fols quatre deniers au
Lieutenant en fecond ou à l'Enfeigne établi dans les deux
premières compagnies de Fufiliers de chaque régiment,
au lieu d'un Lieutenant en fecond pour porter les drapeaux ; onze fols quatre deniers à chacun des quatre
Sergens, fept fols huit deniers à chacun des fix Caporaux, fix fols huit deniers à chacun des fix Anfpeffades,
& cinq fols huit deniers à chacun des foixante-deux
Fufiliers & deux Tambours.

L'État-major de chacun des deux régimens, fera payé
fur le pied par jour, favoir, de onze livres au Colonel,
neuf livres au Lieutenant-colonel, tant pour leurs appointemens en leurs qualités, que pour leur tenir lieu de ceux
de Capitaine, ne devant point avoir de compagnie ; fix
livres au Major, trois livres dix fols à l'Aide-major, vingt
fols au Maréchal-des-logis, dix fols à l'Aumônier, pareils
dix fols au Chirurgien, vingt-fix fols huit deniers au
Prevôt, treize fols quatre deniers à fon Lieutenant, huit
fols quatre deniers au Greffier, & cinq fols à chacun des
cinq Archers & à l'Exécuteur.

Au moyen du traitement ci-deffus réglé à ces régimens,
qui leur fera continué tant pendant la guerre que pendant
la paix, il ne leur fera accordé ni uftenfile ni argent de
recrue, devant être toûjours complets au moyen des
hommes qui leur feront fournis des Milices de Lorraine
& de Bar ; mais Sa Majefté leur donnera des routes avec
étape pour faire joindre les hommes de remplacement.

Comme ces régimens feront toûjours à la paye de
garnifon, ils auront la faculté en campagne de prendre le
pain de munition & la viande, aux retenues ordinaires
fur la folde.

Outre la ſolde ci-deſſus réglée pour les Sergens, Caporaux, Anſpeſſades, Grenadiers, Soldats & Tambours, qui leur ſera payée ſans aucune retenue, au moyen de quoi ils doivent s'entretenir de linge & de chauſſure, il continuera d'être payé vingt-quatre deniers par jour pour chaque Sergent, y compris quatre deniers de ſupplément, & douze deniers pour chacun des autres, y compris auſſi deux deniers de ſupplément, même des trois cens quarante Grenadiers & Soldats ſurnuméraires que Sa Majeſté a bien voulu entretenir dans ſon régiment d'Infanterie, qui formeront une Maſſe toûjours complète par bataillon, ſans avoir égard aux hommes qui pourroient manquer dans les compagnies; laquelle demeurera entre les mains du Tréſorier, qui en donnera ſes reconnoiſſances à la fin de l'année, au Major ou Officier chargé du détail du régiment ou bataillon, en deux billets, l'un à titre de Groſſe Maſſe, ſur le pied de ſeize deniers par Sergent & huit deniers par Soldat, & l'autre à titre de Petite Maſſe, à raiſon de huit deniers par Sergent, & de quatre deniers par Soldat; laquelle Maſſe ſera remiſe ſur la main-levée des Inſpecteurs généraux, à ceux qui auront fait les fournitures de l'habillement & équipement deſdits régimens ou bataillons.

Maſſe des quatre nouvelles compagnies des ſeconds bataillons des régimens de la Sarre & de Royal-Rouſſillon, reſtées en France, & des régimens Royal-Lorraine & Royal-Barrois.

Les quatre compagnies nouvelles du ſecond bataillon du régiment de la Sarre, & les quatre compagnies nouvelles du ſecond bataillon de celui de Royal-Rouſſillon, reſtées en France, recevront la Maſſe comme les premiers bataillons de ces deux régimens, auxquels elles ſont attachées. Les régimens Royal-Lorraine & Royal-Barrois jouiront auſſi de la Maſſe ci-deſſus réglée à commencer du premier janvier 1758.

IV.

L'INTENTION de Sa Majesté est que les Commis du Trésorier général de l'Extraordinaire des guerres, dans les départemens ou dans les armées, continuent de payer ce qu'Elle accorde annuellement à titre de Pension attachée à l'ancienneté de service, dans chacun des vingt régimens d'Infanterie françoise ci-après dénommés, aux Lieutenans-colonels & premiers Capitaines desdits régimens, & Elle ordonne que le payement de ces Pensions soit fait tous les trois mois aux Officiers qui seront pour-vûs des grades auxquels elles sont attachées, c'est-à-dire, le quartier des mois de janvier, février & mars, dans le courant d'avril; celui des mois d'avril, mai & juin, dans le courant de juillet; celui des mois de juillet, août & septembre, dans le courant d'octobre; & celui des trois derniers mois, dans le courant du mois de janvier sui-vant, & sur le pied par an des sommes ci-après spécifiées pour chaque grade, savoir; pour chacun des régimens de Picardie, Champagne, Navarre, Piémont, Norman-die & la Marine, à raison de six cens livres par an au Lieu-tenant-colonel, cinq cens livres au premier Capitaine, & quatre cens livres à chacun des second, troisième, qua-trième & cinquième Capitaines.

Pour le régiment d'Infanterie de Sa Majesté, six cens livres par an au Lieutenant-colonel, cinq cens livres au premier Capitaine, & quatre cens livres à chacun des second, troisième, quatrième, cinquième, sixième & septième Capitaines.

Pour chacun des régimens de la Tour-du-Pin, Bour-bonnois, Auvergne, Belsunce, Talaru, Royal, Dauphin, Aquitaine, la Reine, Royal-des-Vaisseaux, la Couronne &

Royal-Rouffillon, fur le pied de fix cens livres par an au Lieutenant-colonel, cinq cens livres au premier Capitaine, & quatre cens livres à chacun des fecond & troifième Capitaines.

Et pour le régiment d'Artois, fix cens livres par an au Lieutenant-colonel, & cinq cens livres au premier Capitaine.

L'intention de Sa Majefté eft que dans le cas où quelqu'un des Officiers qui jouiffent de ces penfions viendroit à décéder avant l'échéance des trois mois de chaque quartier, il ne foit fait aucun décompte de fadite Penfion, ne devant en jouir qu'autant qu'il aura vécu lefdits trois mois.

Et qu'à l'égard de la Penfion attachée au grade de Lieutenant-colonel, elle ne puiffe paffer à fon fucceffeur que de la date de fa commiffion de Lieutenant-colonel.

V.

Corps des Grenadiers de France.

LE Corps des Grenadiers de France, formé par ordonnance du 15 février 1749, & qui, fuivant celle du 15 feptembre 1750, a rang dans l'Infanterie immédiatement après le régiment de Bourbon, ce Corps compofé de quatre brigades de douze compagnies de quarante-cinq hommes, faifant au total deux mille cent foixante hommes, fur le pied de cinq cens quarante hommes par brigade, fera payé à raifon par jour, favoir:

Compagnies.

Chacune des quarante-huit compagnies, de fept livres douze fols fix deniers au Capitaine, dont cinquante-deux fols fix deniers de fupplément, tant pour fes appointemens, que pour lui tenir lieu des cinq payes de gratification dont jouiffent les Capitaines de Grenadiers des régimens d'Infanterie françoife, leur compagnie étant complète; quarante fols au Lieutenant, y compris deux fols dix deniers

de

de premier fupplément, & cinq fols deux deniers de fecond fupplément; vingt-fix fols huit deniers au Lieutenant en fecond, y compris fix fols huit deniers de fupplément; douze fols quatre deniers à chacun des deux Sergens, huit fols huit deniers à chacun des trois Caporaux, fept fols huit deniers à chacun des trois Anfpeffades, & fix fols huit deniers à chacun des trente-fix Grenadiers & au Tambour.

Le Sergent, le Caporal, & les onze Grenadiers en-tretenus en chacune des quatre brigades, fous la dénomi-nation de Charpentiers, recevront, en conféquence de l'ordonnance du 15 août 1750, un fupplément de folde par jour, de deux fols au Sergent, un fol fix deniers au Caporal, & un fol à chaque Grenadier-Charpentier.

Supplément de folde aux Charpentiers.

L'Enfeigne qui eft en chacune des quatre brigades, fera payé fur le pied de vingt-deux fols huit deniers par jour, y compris deux fols dix deniers de premier fupplément, & quatre fols dix deniers de fecond fupplément.

Enfeignes.

L'État-major dudit corps recevra par jour, favoir, l'Inf-pecteur-commandant, vingt-deux livres quatre fols cinq deniers un tiers; le fieur de Lanjamet, ci-devant Major, & établi Commandant en fecond dudit corps par ordon-nance du 8 juillet 1756, treize livres fix fols huit deniers par jour, lequel traitement fera éteint du jour que ledit fieur de Lanjamet ne fera plus employé audit corps; cinq livres fix fols huit deniers à chacun des quatre Ser-gens-majors créés par la même ordonnance du 8 juillet 1756, y compris fix fols huit deniers de fupplément; trois livres fix fols huit deniers à chacun des quatre Aides-majors, y compris deux fols dix deniers de premier fup-plément, & trente fols fix deniers de fecond fupplément;

État-major.

C

vingt fols à chacun des Aumônier & Chirurgien; & au Tambour & au Fifre, chacun treize fols quatre deniers.

Colonels & Lieutenans-colonels de fervice aux Grenadiers de France. Les Colonels & Lieutenans-colonels deftinés à fervir audit régiment, continueront de recevoir, favoir, chaque Colonel, dix livres par jour; & chaque Lieutenant-colonel, huit livres fix fols huit deniers, auffi par jour, pour le temps qu'ils feront de fervice audit régiment, feulement.

Maffe. A l'égard de la Maffe, elle fera payée fur le pied complet, à commencer du premier janvier de la préfente année, à raifon par jour, de vingt-quatre deniers par Sergent, & douze deniers à chaque Caporal, Anfpeffade, Grenadier, Fufilier & Tambour, du produit de laquelle le Tréforier remettra à la fin de l'année, deux billets, ainfi qu'il eft expliqué à l'article de l'Infanterie françoife; & le payement n'en fera fait que fur la main - levée de l'Infpecteur-commandant dudit corps.

CORPS ROYAL de l'ARTILLERIE. LES bataillons, compagnies de Mineurs & d'Ouvriers du Corps royal de l'Artillerie, continueront d'être payés fuivant leur ancienne compofition, des appointemens & folde qui leur ont été réglés en conféquence de l'ordonnance du 25 février 1758, jufques & compris le dernier décembre de ladite année 1758.

Sa Majefté ayant, par fon ordonnance du 5 novembre 1758, donné une nouvelle forme à ce Corps, qui en conféquence, eft compofé, à commencer du premier janvier 1759, de fix brigades, fix compagnies de Sappeurs & fix compagnies de Mineurs;

Chacune defdites brigades, compofée de huit compagnies de cent hommes chacune, dont une d'Ouvriers, cinq de Canonniers & deux de Bombardiers, fera payée, à commencer dudit jour premier janvier 1759, favoir;

La compagnie d'Ouvriers, compofée d'un Capitaine *Compagnies*
en premier, deux Capitaines en fecond, deux Lieutenans *d'Ouvriers.*
en premier, deux Lieutenans en fecond, fix Sergens ou
Maîtres-ouvriers, fix Caporaux ou Sous-maîtres, fix Anfpeffades, foixante Ouvriers, dix-neuf Apprentifs & trois
Tambours, fera payée fur le pied par jour, de fix livres
treize fols quatre deniers au Capitaine en premier, trois
livres fix fols huit deniers à chacun des Capitaines en
fecond, cinquante fols à chacun des Lieutenans en premier, quarante fols à chacun des Lieutenans en fecond,
vingt fols dix deniers à chaque Sergent ou Maître-ouvrier, dix-huit fols deux deniers à chaque Caporal, feize
fols deux deniers à chaque Anfpeffade, quinze fols deux
deniers à chacun de vingt-cinq des foixante Ouvriers,
douze fols deux deniers à chacun des trente-cinq autres,
dix fols deux deniers à chacun des vingt-un Apprentifs,
& neuf fols huit deniers à chacun des trois Tambours.
Le Capitaine jouira en outre de feize payes de gratification de dix fols deux deniers chacune, fa compagnie
étant complète de cent hommes; douze à quatre-vingt-
dix-huit, huit à quatre-vingt-feize, fix à quatre-vingt-
quatorze, quatre à quatre-vingt-douze, & aucune fa compagnie étant au deffous dudit nombre de quatre-vingt-
douze hommes.

Chacune des compagnies de Canonniers, compofée *Compagnies de*
d'un Capitaine en premier, de deux Capitaines en fecond, *Canonniers.*
deux Lieutenans en premier, deux Lieutenans en fecond,
fix Sergens, fix Caporaux, fix Anfpeffades, foixante-dix-
neuf Canonniers & trois Tambours, fera payée fur le
pied par jour, de fix livres treize fols quatre deniers au

Capitaine en premier, trois livres fix fols huit deniers à chacun des Capitaines en fecond, cinquante fols à chacun des deux Lieutenans en premier, quarante fols à chacun des deux Lieutenans en fecond, vingt fols dix deniers à chaque Sergent, quatorze fols huit deniers à chaque Caporal, onze fols huit deniers à chaque Anfpeffade, neuf fols huit deniers à chacun de dix-huit des foixante-dix-neuf Canonniers, fept fols deux deniers à chacun des dix-huit autres, fix fols deux deniers à chacun des quarante-trois reftans, & neuf fols huit deniers à chacun des trois Tambours.

Compagnies de Bombardiers. Chaque compagnie de Bombardiers, fera compofée d'un Capitaine en premier, de deux Capitaines en fecond, deux Lieutenans en premier, deux Lieutenans en fecond, fix Sergens, fix Caporaux, fix Anfpeffades, foixante-dix-neuf Bombardiers & trois Tambours, fera payée fur le pied par jour, de fix livres treize fols quatre deniers au Capitaine en premier, trois livres fix fols huit deniers à chacun des Capitaines en fecond, cinquante fols à chaque Lieutenant en premier, quarante fols à chaque Lieutenant en fecond, vingt fols dix deniers à chaque Sergent, quinze fols deux deniers à chaque Caporal, treize fols deux deniers à chaque Anfpeffade, douze fols deux deniers à chacun de quatre des feize Artificiers-Bombardiers, onze fols huit deniers à chacun de fix defdits Artificiers-Bombardiers, dix fols huit deniers à chacun des fix autres, neuf fols huit deniers à chacun de douze des foixante-trois Bombardiers, fept fols deux deniers à chacun de douze autres, fix fols deux deniers à chacun des trente-neuf reftans, & neuf fols huit deniers à chacun des trois Tambours.

L'État-major de chaque Brigade, compofée d'un Briga- *État-major.*
dier ou Chef de brigade, d'un Colonel, d'un Lieutenant-
colonel, un Major, un Aide-major, un Sous-aide-
major, un Garçon-major, un Aumônier & un Chirurgien, fera payé fur le pied par jour; favoir, de feize
livres treize fols quatre deniers au Chef de brigade,
treize livres fix fols huit deniers au Colonel, neuf livres
fix fols huit deniers au Lieutenant-colonel, huit livres
fix fols huit deniers au Major, fix livres à l'Aide-major,
cinquante fols au Sous-aide-major, quarante fols au
Garçon-major, vingt-fept fols dix deniers à l'Aumônier,
& trente-trois fols quatre deniers au Chirurgien.

Chacune des fix compagnies de Sappeurs, attachées à *Compagnie*
la fuite des Brigades dudit Corps royal de l'Artillerie, *de Sappeurs.*
de foixante hommes, compofée d'un Capitaine en
premier, un Lieutenant en premier, deux Lieutenans
en fecond, trois Sergens, trois Caporaux, trois Anfpeffades, cinquante Sappeurs & un Tambour, fera payée
fur le pied par jour, de fix livres treize fols quatre
deniers au Capitaine, cinquante fols au Lieutenant en
premier, quarante fols à chacun des deux Lieutenans
en fecond, vingt fols dix deniers à chaque Sergent,
quatorze fols huit deniers à chaque Caporal, onze fols
huit deniers à chaque Anfpeffade, neuf fols huit deniers
à chacun de onze des cinquante Sappeurs, fept fols deux
deniers à chacun des trente-neuf autres, & neuf fols
huit deniers au Tambour.

Chacune des fix compagnies de Mineurs, attachées *Compagnies*
auffi à la fuite des Brigades dudit Corps royal de l'Ar- *de Mineurs.*
tillerie, compofée d'un Capitaine en premier, d'un
Capitaine en fecond, deux Lieutenans en premier,

deux Lieutenans en ſecond, quatre Sergens, quatre Caporaux, quatre Anſpeſſades, quarante-ſix Mineurs ou Apprentifs & deux Tambours, ſera payée ſur le pied par jour, de ſix livres treize ſols quatre deniers au Capitaine en premier, trois livres ſix ſols huit deniers au Capitaine en ſecond, cinquante ſols à chaque Lieutenant en premier, quarante ſols à chaque Lieutenant en ſecond, vingt ſols dix deniers à chaque Sergent, quatorze ſols huit deniers à chaque Caporal, onze ſols huit deniers à chaque Anſpeſſade, dix ſols huit deniers à chacun des vingt-quatre Mineurs, ſept ſols deux deniers à chacun des vingt-deux Apprentifs, & neuf ſols huit deniers à chacun des deux Tambours.

Le Capitaine recevra de plus huit payes de gratification, à raiſon de ſept ſols deux deniers chacune, ſa compagnie étant complète de ſoixante hommes, ſix à cinquante-neuf, quatre à cinquante-huit, trois à cinquante-ſept, deux à cinquante-ſix, & aucune la compagnie étant au deſſous dudit nombre de cinquante-ſix hommes.

Maſſe des ſix bataillons du Corps royal de l'Artillerie, & des compagnies de Mineurs & de Sappeurs. Outre la ſolde ci-deſſus réglée, il ſera donné vingt-quatre deniers par jour pour chaque Sergent & chacun des Maîtres-ouvriers dans les compagnies d'Ouvriers, y compris quatre deniers d'augmentation; & douze deniers pour chaque Caporal, Anſpeſſade, Sappeur, Canonnier, Bombardier, Mineur, Sous-maître-ouvrier, Ouvrier, Apprentif & Tambour des ſix Brigades, ſix compagnies de Mineurs, & ſix compagnies de Sappeurs du Corps royal de l'Artillerie, y compris deux deniers d'augmentation, qui formeront une Maſſe toûjours complète, ſans avoir égard aux hommes qui pourroient manquer dans les compagnies, laquelle Maſſe demeurera entre les mains du Tréſorier général du Corps royal de l'Artillerie, qui en donnera ſes reconnoiſſances à la fin de l'année au Major ou autre Officier chargé du détail de chaque Brigade & de chacune des compagnies de Mineurs & de Sappeurs, en deux billets, ſéparément pour chaque Brigade & chaque compagnie de Mineurs & de Sappeurs, l'un à titre de Groſſe-Maſſe, ſur le pied de ſeize deniers par Sergent & Maître-ouvrier, & de huit deniers par Caporal, Anſpeſſade, Sappeur, Canonnier, Bombardier, Mineur, Sous-maître-ouvrier, Ouvrier, Apprentif & Tambour; & l'autre, à titre de Petite-Maſſe, à raiſon de huit deniers par Sergent & Maître-ouvrier, & de quatre deniers pour chacun des autres, le payement de laquelle Maſſe ne ſera fait que ſur la main-levée du Directeur général des Écoles d'Artillerie.

V I I.

LES cent cinq bataillons de Milices, levés dans les provinces du Royaume, y compris celui de la ville de Paris, & les quatre des duchés de Lorraine & de Bar, feront payés ainſi qu'il eſt expliqué ci-après. *MILICES.*

Les régimens de Grenadiers-royaux, formés des compagnies de Grenadiers & de Grenadiers-poſtiches deſdits bataillons de Milice, ſur le pied par jour, ſavoir, de quatre livres au Capitaine, trente-deux ſols au premier Lieutenant, vingt ſols au ſecond Lieutenant, douze ſols quatre deniers à chacun des deux Sergens, huit ſols huit deniers à chacun des trois Caporaux, ſept ſols huit deniers à chacun des trois Anſpeſſades, ſix ſols huit deniers à chacun des quarante-un Grenadiers, & huit ſols huit deniers au Tambour. *Compagnies de Grenadiers.*

Compagnies de Grenadiers-poftiches.

Pour la compagnie de Grenadiers-poftiches, à raifon par jour, de trois livres dix fols au Capitaine, vingt-cinq fols au Lieutenant, onze fols quatre deniers à chacun des trois Sergens, fept fols huit deniers à chacun des trois Caporaux, fix fols huit deniers à chacun des trois Anfpeffades, cinq fols huit deniers à chacun des cinquante Grenadiers-poftiches, & fept fols huit deniers au Tambour.

État-major.

L'État-major de chacun defdits régimens, fera payé fur le pied par jour, de douze livres au Colonel, dix livres au Lieutenant-colonel, tant pour leurs appointemens en ladite qualité, que pour leur tenir lieu de ceux de Capitaine, n'ayant point de compagnies; fix livres au Major, trois livres à chacun des deux Aides-majors.

Seconds Lieutenans pour porter les drapeaux.

Les deux feconds Lieutenans attachés aux deux premières compagnies de Grenadiers - poftiches de chacun defdits régimens pour porter les drapeaux, feront payés à raifon de vingt fols par jour à chacun.

Bataillons de Milices pour la garde des Places.

Les huit compagnies de Fufiliers de chacun des cent cinq bataillons de Milices des Provinces, y compris celles du bataillon de Paris, & des quatre bataillons des duchés de Lorraine & de Bar, qui compofent préfentement les bataillons de Milices deftinés à la garde des Places, lef-

Compagnies de Fufiliers.

quelles compagnies font actuellement de quatre-vingt-dix hommes, continueront d'être payées par jour, de trois livres cinq fols au Capitaine, vingt fols au Lieutenant, onze fols quatre deniers à chacun des deux Sergens, fept fols huit deniers à chacun des trois Caporaux, fix fols huit deniers à chacun des trois Anfpeffades, cinq fols huit deniers à chacun des quatre-vingt-un Fufiliers, & fept fols huit deniers au Tambour.

État-major

L'État-major de chacun defdits bataillons, continuera d'être

d'être payé fur le pied par jour, de cinq livres au Com- *d'un bataillon*
mandant, foit qu'il ait commiffion de Lieutenant-colonel *de Milice.*
ou non, n'ayant point de compagnie, & trois livres à
l'Aide-major.

Le Colonel & le Major qui fervent au premier des *État-major des*
deux bataillons de chacun des régimens de Polignac & *régimens des*
de Montureux, des Milices des duchés de Lorraine & de *Milices de Lor-*
Bar, continueront à recevoir en conféquence de l'ordon- *raine.*
nance particulière du 5 mars 1750, favoir, le Colonel
fix livres par jour, & le Major trois livres cinq fols.

Les Commandans & Aides-majors des feconds bataillons defdits deux régimens, feront payés fur le pied
réglé par la préfente ordonnance, pour ceux des mêmes
grades des bataillons de Milice.

Les autres Officiers & Soldats defdits régimens, feront
également payés de leurs appointemens & folde, conformément à ce qui eft fixé par la préfente ordonnance.

A l'égard des Commandans des quinze bataillons de
Milice employés dans les places de communication des
armées, ils continueront de jouir des appointemens de
fept livres par jour, dont quarante fols de fupplément à
eux réglés par l'article III de l'ordonnance du 25 mars
1758.

Entend Sa Majefté, qu'au moyen de la paye ci-deffus
réglée aux Tambours, tant des compagnies de Grenadiers
que de celles des Grenadiers-poftiches & de Fufiliers, ils
foient tenus d'entretenir leur caiffe de peaux & de cor-
dages, & de fe fournir de baguettes.

Entend auffi Sa Majefté, qu'au moyen de cinq fols
par jour d'augmentation de paye qu'Elle accorde aux
Capitaines des compagnies de Fufiliers, à commencer

du premier mars 1758, ils foient chargés de la confer-
vation de l'habillement, de l'équipement & des armes
des Soldats de leurs compagnies, & qu'ils foient refpon-
fables du dégât qui en feroit fait; Sa Majefté ayant ordonné aux Commiffaires des guerres d'en faire tous les
deux mois une vifite exacte en préfence des Commandans
des bataillons & des Officiers du Corps Royal employés
pour l'Artillerie dans les Places où feront lefdits bataillons;
& que lorfqu'il fe trouvera des compagnies dont lefdits
effets feront reconnus en mauvais état, ou qu'il y aura
quelques réparations à y faire, le payement des appointemens des Capitaines defdites compagnies, foit fuf-
pendu fur les ordres particuliers du Secrétaire d'État ayant
le département de la guerre, jufqu'à ce que lefdites réparations aient été faites; à l'effet de quoi les Commiffaires des guerres feront tenus de joindre aux extraits de
leurs revûes, des états détaillés de la fituation des effets
defdits bataillons, certifiés d'eux, des Commandans des
bataillons & des Officiers du Corps Royal de l'Artillerie, pour l'article qui regarde les armes, ainfi qu'il eft
expliqué par l'article VII de l'ordonnance du premier
novembre 1757.

Ordonne Sa Majefté que pendant tout le temps du
fervice des Milices, il foit retenu fur la folde un fol
quatre deniers par jour à chaque Sergent, & huit deniers
à chaque Caporal, Anfpeffade, Grenadier, Grenadier-
poftiche, Fufilier & Tambour, pour faire une Maffe qui
fera remife entre les mains de l'Aide-major ou autre Officier chargé du détail, pour leur être délivrée & employée
par les foins des Commiffaires des guerres, à leur fournir
de linge & de chauffure.

27

Sa Majeſté étant informée que pluſieurs des Capitaines des bataillons de Milices font difficulté de ſupporter ſur leurs appointemens la totalité de la retenue de quatre deniers pour livre de la ſolde des Sergens & Soldats de leurs compagnies, & ayant décidé que les Capitaines de ſes troupes doivent être chargés de cette retenue, Elle ordonne qu'elle ſera également ſur le compte deſdits Capitaines de Milice, & en conféquence qu'il ne ſera fait aucune déduction pour raiſon de ladite retenue, ſur la ſolde réglée aux Sergens, Caporaux, Anſpeſſades, Grenadiers, Fuſiliers & Tambours de ſes Milices.

LES régimens des troupes Boulonnoiſes, compoſés chacun de treize compagnies, feront payés pendant le temps qu'ils ſerviront dans les Places, ſur le pied, ſavoir: *TROUPES BOULONNOISES.*

La compagnie de Grenadiers de chaque régiment, compoſée de quarante-cinq hommes, à raiſon par jour, de quatre livres ſix deniers au Capitaine, trente-quatre ſols dix deniers au Lieutenant, douze ſols quatre deniers à chacun des deux Sergens, huit ſols huit deniers à chacun des trois Caporaux, ſept ſols huit deniers à chacun des trois Anſpeſſades, ſix ſols huit deniers à chacun des trente-ſix Grenadiers & au Tambour, & ſix ſols huit deniers pour chacune des trois payes de gratification que le Capitaine doit recevoir, ſa compagnie étant de quarante-cinq & quarante-quatre hommes; deux deſdites payes, la compagnie étant à quarante-un, quarante-deux & quarante-trois, une ſeulement lorſqu'elle ne ſera qu'à quarante, & rien au deſſous dudit nombre de quarante hommes. *Compagnies de Grenadiers.* *Payes de gratification.*

Chacune des douze compagnies de Fuſiliers de chaque régiment, compoſée de quarante hommes, ſera payée à *Compagnies de Fuſiliers.*

raiſon par jour, de trois livres ſix ſols huit deniers au Capitaine, vingt-deux ſols dix deniers au Lieutenant, onze ſols quatre deniers à chacun des deux Sergens, ſept ſols huit deniers à chacun des trois Caporaux, ſix ſols huit deniers à chacun des trois Anſpeſſades, & cinq ſols huit deniers à chacun des trente-un Fuſiliers & au Tambour; le Capitaine, outre l'appointement ci-deſſus, recevra trois *Payes de gratification.* payes de gratification de cinq ſols huit deniers chacune, lorſque ſa compagnie ſe trouvera compoſée de quarante & trente-neuf hommes, deux deſdites payes lorſqu'elle ſera à trente-ſix, trente-ſept & trente-huit hommes, une ſeulement à trente-cinq, & rien au deſſous dudit nombre de trente-cinq hommes.

Enſeignes. L'Enſeigne qui eſt en chacune des compagnies Colonelle & Lieutenante-colonelle, ſera payé ſur le pied de dix-ſept ſols dix deniers par jour.

État-major de chaque régiment Les Officiers de l'État-major de chacun deſdits régimens, ſeront payés ſur le pied par jour, ſavoir, au Colonel une livre treize ſols quatre deniers, indépendamment de ſes appointemens de Capitaine; au Lieutenant-colonel quarante-cinq ſols, auſſi outre ce qu'il reçoit comme Capitaine ; trois livres ſix ſols huit deniers au Major, trente-ſix ſols deux deniers à l'Aide-major, vingt ſols au Maréchal-des-logis, & dix ſols à chacun des Aumônier & Chirurgien.

Maſſe. Outre la ſolde ci-deſſus réglée pour les Sergens, Caporaux, Anſpeſſades, Grenadiers, Fuſiliers & Tambour, qui leur ſera payée ſans aucune retenue, au moyen de quoi ils doivent s'entretenir de linge & de chauſſure; il ſera donné vingt-quatre deniers par jour pour chaque Sergent, & douze deniers pour chacun des autres, qui formeront une Masse toûjours complète pour chaque régiment, sans avoir égard aux hommes qui pourroient manquer dans les compagnies ; laquelle Masse demeurera entre les mains du Trésorier, qui en donnera ses reconnoissances à la fin de l'année, au Major ou autre Officier chargé du détail du régiment, en deux billets, ainsi qu'il est expliqué à l'article de l'Infanterie françoise, pour être ladite Masse employée à l'habillement & équipement desdits régimens, & remise, sur la main-levée de l'Inspecteur desdites troupes Boulonnoises, à ceux qui auront fait lesdites fournitures.

Les cinquante-cinq compagnies de Milices ordinaires du Roussillon, de Conflent & de Cerdagne, levées par ordonnance du premier mai 1756, pour servir à la garde des Places de ladite province, dont vingt compagnies à cinquante hommes chacune, qui composent les deux bataillons du régiment de Perpignan, à raison de dix compagnies par bataillon, & trente-quatre compagnies de quarante hommes, formant trois bataillons, lesquelles compagnies sont distribuées dans plusieurs Places de ladite province, & une compagnie de quarante hommes tenant garnison au château de Salces, seront payées de leurs appointemens & solde, ainsi qu'il suit, savoir :

MILICES du ROUSSILLON.

Chacune des vingt compagnies de cinquante hommes qui composent les deux bataillons du régiment de Perpignan, composée d'un Capitaine, un Lieutenant, deux Sergens, trois Caporaux, trois Anspessades, quarante-un Fusiliers & un Tambour, sera payée à raison par jour, de cinquante sols au Capitaine, vingt sols au Lieutenant, dix sols quatre deniers à chaque Sergent, sept sols huit deniers à chaque Caporal, six sols huit deniers à chaque

Compagnies à cinquante hommes.

Anfpeffade, cinq fols huit deniers à chaque Fufilier, & fept fols deux deniers au Tambour.

Compagnies à quarante hommes.

Chacune des trente-cinq autres compagnies de quarante hommes, compofée d'un Capitaine, un Lieutenant, deux Sergens, trois Caporaux, trois Anfpeffades, trente-un Fufiliers & un Tambour, fera payée à raifon par jour, de cinquante fols au Capitaine, vingt fols au Lieutenant, dix fols quatre deniers à chaque Sergent, fept fols huit deniers à chaque Caporal, fix fols huit deniers à chaque Anfpeffade, cinq fols huit deniers à chacun des Fufiliers, & fept fols deux deniers au Tambour.

Au moyen de la folde ci-deffus réglée pour les Sergens, Caporaux, Anfpeffades, Fufiliers & Tambours defdites compagnies, ils s'entretiendront d'habillement, de linge & de chauffure.

État - major du régiment de Milice de Perpignan.

L'État-major du régiment de Perpignan fera payé fur le pied par jour, de quarante fols au Colonel, vingt fols au Lieutenant-colonel, outre ce qu'ils reçoivent comme Capitaines; vingt fols au Commandant du fecond bataillon, auffi indépendamment de fon traitement de Capitaine; cinquante fols au Major, & trente fols à l'Aide-major dudit régiment.

Commandans de bataillon, & Aides-majors.

Il fera payé à chacun des Commandant & Aide-major de chacune defdites troupes qui compofent les trois bataillons, dont les compagnies font à quarante hommes, & diftribuées dans plufieurs Places de ladite province du Rouffillon; favoir, à chaque Commandant vingt fols par jour, outre ce qu'il reçoit en qualité de Capitaine, & trente fols à chaque Aide-major.

MILICES BÉARNOISES,

CHAQUE bataillon de Milices du Béarn, compofé de cinq cens vingt-cinq hommes, en treize compagnies, dont une de Grenadiers de quarante-cinq hommes, & douze de Fuſiliers de quarante hommes chacune; & les compagnies de Milices Gramontoiſes, de la baſſe Navarre, & des pays de Labour & de Soule, de cinquante hommes chacune, levées par ordonnance du 13 avril 1756, recevront leurs appointemens & ſolde pendant le temps de leur ſervice dans les Places, ſur le pied, ſavoir :

Pour chaque bataillon de Milices Béarnoiſes, la compagnie de Grenadiers de quarante-cinq hommes, compoſée d'un Capitaine, un Lieutenant, deux Sergens, trois Caporaux, trois Anſpeſſades, trente-ſix Grenadiers & un Tambour, ſera payée à raiſon par jour, de trois livres dix ſols au Capitaine, vingt-cinq ſols au Lieutenant, onze ſols quatre deniers à chaque Sergent, ſept ſols huit deniers à chaque Caporal, ſix ſols huit deniers à chaque Anſpeſſade, & cinq ſols huit deniers à chaque Grenadier & au Tambour.

Chacune des douze compagnies de Fuſiliers dudit bataillon, à raiſon par jour, de cinquante ſols au Capitaine, vingt ſols au Lieutenant, dix ſols quatre deniers à chacun des deux Sergens, ſept ſols huit deniers à chacun des trois Caporaux, ſix ſols huit deniers à chacun des trois Anſpeſſades, & cinq ſols huit deniers à chacun des trente-un Fuſiliers & au Tambour.

Les Officiers de l'État-major de chacun deſdits bataillons, ſeront payés à raiſon par jour, de trente ſols au Lieutenant-colonel, indépendamment de ſes appointemens de Capitaine, & de quarante-cinq ſols à l'Aide-major.

Chacune des compagnies de Milices Gramontoiſes, des pays de baſſe Navarre, de Labour & de Soule, de cinquante hommes, compoſée d'un Capitaine, un Lieutenant, *de Labour &* *de Soule.*

Compagnies à cinquante hommes.

deux Sergens, trois Caporaux, trois Anspessades, quarante-un Fusiliers & un Tambour, sera payée à raison par jour, de cinquante sols au Capitaine, vingt sols au Lieutenant, dix sols quatre deniers à chaque Sergent, sept sols huit deniers à chaque Caporal, six sols huit deniers à chaque Anspessade, & cinq sols huit deniers à chaque Fusilier & au Tambour.

États-majors des troupes formées des compagnies de cinquante hommes.

A l'égard des Lieutenans-colonels, Aides-majors & Garçons-majors, attachés aux différentes troupes qui sont composées de plusieurs de ces compagnies de cinquante hommes, ils seront payés de leurs appointemens à raison par jour, savoir, de trente sols au Lieutenant-colonel des compagnies de Milices Gramontoises, outre ce qu'il reçoit comme Capitaine, & quarante-cinq sols à l'Aide-major desdites compagnies Gramontoises; trente sols à chaque Lieutenant-colonel des troupes composées desdites compagnies de Milices des pays de Navarre, de Labour & de Soule, outre ce qu'il reçoit comme Capitaine, & vingt-cinq sols à chaque Garçon-major.

Compagnie de Montboissier aux isles Sainte-Marguerite.

La compagnie de Montboissier, qui est dans les Isles Sainte-Marguerite & Saint-Honorat, composée d'un Capitaine, de deux Lieutenans, deux Sergens, un Caporal, un Anspessade, trente Soldats & un Tambour, sera payée sur le pied par jour, de quatorze livres trois sols quatre deniers au Capitaine, y compris onze livres cinq sols d'augmentation; trois livres trois sols quatre deniers à chacun des deux Lieutenans, y compris trente-trois sols quatre deniers d'augmentation; douze sols à chacun des deux Sergens, huit sols au Caporal, sept sols à l'Anspessade, six sols à chacun des trente Soldats & au Tambour; & le Chapelain qui est avec ladite compagnie, recevra seize sols huit deniers par jour.

VIII.

V I I I.

'Les compagnies détachées de l'Hôtel royal des Inva- *INVALIDES.*
lides, de foixante hommes chacune, feront payées, à la
réferve de celles dont il fera parlé ci-après, fur le pied par
jour, de cinquante fols au Capitaine, vingt fols à chacun
des cinq Lieutenans, dix fols à chacun des trois Sergens,
fept fols à chacun des trois Caporaux, fix fols à chacun
des trois Anfpeffades, & cinq fols à chacun des cinquante
Soldats & au Tambour : s'il fe trouve des furnuméraires
dans lefdites compagnies, les Commiffaires des guerres
les comprendront dans leurs révûes, & ils continueront
d'être payés comme il a été réglé par l'ordonnance du
22 juin 1737, de cinq fols de folde par jour. Ordonne
Sa Majefté que cette règle foit pareillement obfervée
pour les Soldats furnuméraires qui fe trouveront dans
les compagnies détachées de bas-Officiers ci-après, de
cent quarante hommes chacune, & que lefdits Soldats
furnuméraires reçoivent leur folde fur le pied de fept
fols chacun par jour.

Les compagnies de bas-Officiers Invalides, détachées *Compagnies*
dudit Hôtel royal, de Goirand, d'Hortal, Cherier, *de bas-Officiers.*
Saint-Roman, Bruchet ci-devant Villenoy, Bruchet, l'Ar-
zillier, Diguem, du Miny, Defaries & Toucheronde,
de cent quarante hommes chacune, feront payées fur le
pied par jour, de cinquante fols au Capitaine en premier,
pareils cinquante fols au Capitaine en fecond, vingt fols
à chacun des cinq Lieutenans, douze fols à chacun des
fix Sergens, neuf fols à chacun des fix Caporaux, huit
fols à chacun des fix Anfpeffades, & fept fols à chacun
des cent vingt Fufiliers & deux Tambours.

La compagnie de bas-Officiers Invalides, de quatre- *Compagnie de*

E

Compagnies détachées.

350

bas-Officiers fer-vant à la garde du château de la Bastille.

vingt-deux hommes, formée par ordonnance du 30 décembre 1749, pour servir à la garde du château de la Bastille, sera payée sur le pied par jour, de trois livres dix sols au Capitaine en premier, y compris vingt sols de supplément; trois livres au Capitaine en second, y compris dix sols de supplément; cinquante sols au Lieutenant chargé du détail, y compris trente sols de supplément; quarante sols à chacun des deux autres Lieutenans, y compris vingt sols de supplément; quinze sols à chacun des quatre Sergens, y compris trois sols de supplément; douze sols à chacun des quatre Caporaux, y compris trois sols de supplément; onze sols à chacun des quatre Anspessades, y compris trois sols de supplément; & dix sols à chacun des soixante-huit Fusiliers & deux Tambours, y compris aussi trois sols par jour de supplément.

Compagnie de bas-Officiers Invalides servant à la garde des Tuileries & du Louvre.

La compagnie de bas-Officiers Invalides, de cent six hommes, formée par ordonnance du 23 octobre 1750, pour servir à la garde du palais des Tuileries & du château du Louvre, sera payée sur le pied par jour, de cinquante sols au Capitaine en premier, pareils cinquante sols au Capitaine en second, vingt sols au Lieutenant chargé du détail & à chacun des quatre autres Lieutenans, douze sols à chacun des six Sergens, neuf sols à chacun des six Caporaux, huit sols à chacun des six Anspessades, & sept sols à chacun des quatre-vingt-cinq Fusiliers & trois Tambours.

Compagnie de bas-Officiers Invalides servant à la garde de l'École militaire.

La compagnie de bas-Officiers Invalides, de soixante-huit hommes, formée par ordonnances des 3 juillet 1753 & 30 décembre 1757, pour servir à la garde de l'École militaire, sera payée sur le fonds de l'Extraordinaire des guerres, à raison par jour, de cinquante sols au Capitaine en pied, pareils cinquante fols au Capitaine en fecond, faifant les fonctions de Lieutenant; douze fols à chacun des trois Sergens, neuf fols à chacun des trois Caporaux, huit fols à chacun des trois Anfpeffades, & fept fols à chacun des cinquante-fept Fufiliers & deux Tambours; outre lefquels appointemens & folde, il fera payé aux Officiers, Haute-payes, Fufiliers & Tambours, un fupplément fur le pied par jour, de vingt fols au Capitaine en premier, dix fols au Capitaine en fecond, & de trois fols auffi par jour à chaque Sergent, Caporal, Anfpeffade, Fufilier & Tambour; lequel fupplément d'appointemens & de folde ci-deffus, fera payé des fonds deftinés à l'entretien de ladite École militaire.

La compagnie de bas-Officiers Invalides, de quatre-vingt-deux hommes, formée par ordonnance du 30 mars 1757, pour fervir à la garde de l'Arfenal de Paris, fera payée fur le pied par jour, de trois livres dix fols au Capitaine en premier, trois livres au Capitaine en fecond, cinquante fols à celui des trois Lieutenans qui fera chargé du détail, & quarante fols à chacun des deux autres, quinze fols à chacun des quatre Sergens, douze fols à chacun des quatre Caporaux, onze fols à chacun des quatre Anfpeffades, & dix fols à chacun des foixante-huit Fufiliers & deux Tambours.

La compagnie de bas-Officiers Invalides, de foixante hommes, formée par ordonnance du 5 décembre 1754, pour fervir à la garde du château de Vincennes, fera payée fur le pied par jour, de trois livres dix fols au Capitaine, y compris vingt fols de fupplément; cinquante fols au Lieutenant chargé du détail, y compris trente fols de fupplément; quarante fols à chacun des deux autres

Lieutenans, y compris vingt fols de fupplément ; quinze fols à chacun des trois Sergens, y compris trois fols de fupplément ; douze fols à chacun des trois Caporaux, y compris trois fols de fupplément ; onze fols à chacun des trois Anfpeffades, y compris trois fols de fupplément ; & dix fols à chacun des cinquante Fufiliers & au Tambour, y compris auffi trois fols de fupplément.

Les quatre compagnies détachées de l'Hôtel royal des Invalides, formées par ordonnance du premier mars 1756, & portées à cent hommes chacune par ordonnance du 15 décembre 1758, pour être employées dans les Places & fur les Côtes, aux différentes manœuvres de l'Artillerie, & dans lefquelles compagnies Sa Majefté a en même temps ordonné de faire entrer tous les bas-Officiers & Soldats, qui, ayant fervi dans les bataillons du Corps royal de l'Artillerie, ont obtenu leur retraite à l'Hôtel des Invalides, ainfi que ceux dudit Corps qui fervoient dans les compagnies détachées dudit Hôtel, feront payées à raifon par jour pour chaque compagnie, de cinquante fols au Capitaine en premier, pareils cinquante fols au Capitaine en fecond, vingt fols à chacun des trois Lieutenans, douze fols à chacun des cinq Sergens, neuf fols à chacun des cinq Caporaux, huit fols à chacun des cinq Anfpeffades, & fept fols à chacun des dix-huit plus anciens Fufiliers, fix fols fix deniers à chacun des dix-huit Fufiliers fuivans, fix fols à chacun des quarante-huit derniers Fufiliers, & fept fols au Tambour.

Entend Sa Majefté que les bas-Officiers provenant dudit Corps royal de l'Artillerie, qui fervoient en ladite qualité dans les compagnies de bas-Officiers dudit Hôtel des Invalides, & qui en ont été tirés pour entrer dans

les quatre compagnies ci-deffus établies par ladite ordonnance du 5 mars 1756, y jouiffent de la même paye
qu'ils avoient dans lefdites compagnies de bas-Officiers,
& en outre, de fix deniers d'augmentation par jour, jufqu'à ce qu'ils aient monté dans lefdites quatre compagnies, à des grades qui leur produifent une paye plus
forte que celle qu'ils avoient dans lefdites compagnies
de bas-Officiers détachées dudit Hôtel des Invalides,
ladite continuation d'ancienne paye & l'augmentation de
fix deniers par jour, ne devant avoir lieu que pour ceux
defdits bas-Officiers qui occupent dans lefdites quatre
compagnies nouvelles, des places dont la paye eft infé-
rieure à celle qu'ils avoient dans lefdites compagnies
détachées de bas-Officiers. Ceux qui, ayant fervi dans
ledit Corps royal de l'Artillerie, feront admis par la fuite
à l'Hôtel des Invalides en qualité de bas-Officiers, feront
également payés fuivant ce grade & de la manière ci-
deffus expliquée en paffant dans lefdites quatre compagnies. Ordonne Sa Majefté aux Commiffaires des guerres,
qui auront la police de ces quatre compagnies nouvelles,
de faire mention fur leurs revûes, de ceux defdits bas-
Officiers qui doivent jouir de la même paye qu'ils avoient
dans les compagnies détachées de bas-Officiers, & des
fix deniers d'augmentation par jour, en y fpécifiant le
grade & la paye qu'ils y avoient, ainfi que les places
qu'ils occupent dans lefdites quatre compagnies; en obfervant pareillement de marquer fur leurs revûes, les bas-
Officiers dudit Corps royal de l'Artillerie, qui n'auront
point fervi dans les compagnies détachées de bas-Officiers, & qui viendront directement de l'Hôtel des Invalides pour entrer dans lefdites quatre compagnies, afin

que les Tréforiers de l'Extraordinaire des guerres puiffent payer lefdites compagnies fur le pied ordonné ci-deffus.

I X.

TROUPES LÉGÉRES.

RÉGIMENS des VOLONTAIRES de FLANDRE & du HAYNAULT. Compofition.

LES régimens des Volontaires de Flandre, & celui des Volontaires du Haynault, portés par ordonnance particulière du 25 février 1758, à fix cens hommes chacun, en huit compagnies de foixante-quinze hommes, dont quarante d'Infanterie & trente-cinq de Cavalerie, feront payés fur le pied par jour; favoir, chacune defdites compagnies de foixante-quinze hommes, à raifon de fix livres au Capitaine en pied ou titulaire, dont vingt fols de fupplément.

Compagnie de foixante - quinze hommes, dont quarante à pied & trente-cinq à cheval.

Infanterie.

Pour la partie de l'Infanterie, cinquante-fix fols huit deniers au Capitaine en fecond de Fufiliers, dont fix fols huit deniers de fupplément; quarante fols au Lieutenant, dont fix fols huit deniers de fupplément; onze fols quatre deniers à chacun des deux Sergens, fept fols huit deniers à chacun des trois Caporaux, fix fols huit deniers à chacun des trois Anfpeffades, & cinq fols huit deniers à chacun des trente-un Fufiliers & au Tambour.

Cavalerie.

Et pour la partie de la Cavalerie, trois livres fix fols huit deniers au Capitaine en fecond, dont fix fols huit deniers de fupplément; deux livres dix fols au Lieutenant, quarante fols au Cornette, vingt-fix fols huit deniers au Maréchal-des-logis, huit fols à chacun des deux Brigadiers, & fept fols à chacun des trente-deux Cavaliers & au Trompette ou Timbalier.

Payes de gratification.

Le Capitaine titulaire recevra en outre pour fa compagnie d'Infanterie, cinq payes de gratification de cinq fols huit deniers chacune, dont deux d'augmentation fa compagnie étant complète de quarante hommes, trois à trente-neuf, une à trente-huit, & rien au deſſous dudit nombre de trente-huit hommes.

L'État-major de chacun deſdits régimens, ſera payé ſur le pied par jour; ſavoir, de ſeize livres treize ſols quatre deniers au Colonel, dix livres au Lieutenant-colonel, leſquels ne doivent point avoir de compagnie; ſix livres au Major, trois livres ſix ſols huit deniers à l'Aide-major d'Infanterie, quatre livres à l'Aide-major de Cavalerie, trente ſols à l'Aumônier, & vingt ſols au Chirurgien. *État-major de chacun des régimens des Volontaires de Flandre & du Haynault.*

Il ſera entretenu en chacun deſdits régimens un Enſeigne pour porter le drapeau, lequel ſera payé ſur le pied par jour, de trente ſols; l'étendard ſera porté par un des Cornettes. *Enſeigne en chaque régiment pour porter le drapeau.*

LA Légion-royale, portée par ordonnance du 10 février 1759, à dix-huit cens hommes en dix-ſept compagnies, dont deux de Grenadiers de quarante-cinq hommes, douze de cent vingt-cinq hommes, dont ſoixante-quinze à pied, & cinquante Dragons montés, deux compagnies d'Huſſards de ſoixante-quinze hommes, & une d'Ouvriers de ſoixante, ſera payée, ſavoir; *LÉGION-ROYALE. Compoſition.*

Chacune des deux compagnies de Grenadiers, ſur le pied par jour, de cinq livres au Capitaine, dont vingt ſols de ſupplément, cinquante ſols au Lieutenant, quarante ſols au Lieutenant en ſecond, douze ſols quatre deniers à chacun des deux Sergens, huit ſols huit deniers à chacun des trois Caporaux, ſept ſols huit deniers à chacun des trois Anſpeſſades, ſix ſols huit deniers à chacun des trente-ſix Grenadiers & au Tambour; & pareils ſix ſols huit deniers pour chacune des cinq payes de *Compagnies de Grenadiers.*

Payes de gratification.

gratification, dont deux de fupplément, que le Capitaine recevra par jour, fa compagnie étant complète de quarante-cinq hommes, & rien au deffous dudit nombre.

Chacune des douze compagnies de cent vingt-cinq hommes, dont foixante-quinze d'Infanterie & cinquante de Dragons, fera payée à raifon par jour, de fix livres au Capitaine titulaire; & pour la partie de l'Infanterie, de cinquante-fix fols huit deniers au Capitaine en fecond, dont fix fols huit deniers de fupplément; quarante fols au Lieutenant, dont cinq de fupplément; trente fols au Lieutenant en fecond, onze fols quatre deniers à chacun des quatre Sergens, fept fols huit deniers à chacun des fix Caporaux, fix fols huit deniers à chacun des fix Anfpeffades, & cinq fols huit deniers à chacun des cinquante-huit Fufiliers & au Tambour.

Le Capitaine titulaire recevra en outre neuf payes de gratification, de cinq fols huit deniers chacune pour fa compagnie d'Infanterie, lorfqu'elle fera complète de foixante-quinze hommes, fix à foixante-quatorze, trois à foixante-douze & foixante-treize, deux à foixante-onze, une à foixante-dix, & rien au deffous dudit nombre de foixante-dix hommes.

Et pour la partie de Dragons, il fera payé au Capitaine en fecond trois livres fix fols huit deniers, dont fix fols huit deniers de fupplément, cinquante fols au Lieutenant, dont dix fols de fupplément; quarante fols au Lieutenant en fecond, vingt-fix fols huit deniers au Maréchal-des-logis, dix fols fix deniers au Fourrier établi par ordonnance du premier novembre 1758, huit fols à chacun des trois Brigadiers, & fept fols à chacun des quarante-cinq Dragons & un Tambour.

Chacune

Chacune des deux compagnies d'Huſſards, ſera payée *Compagnies d'Huſſards.*
à raiſon par jour, de ſix livres au Capitaine, trois livres
au premier Lieutenant, cinquante ſols au ſecond Lieutenant, quarante-cinq ſols au Cornette, vingt-ſix ſols huit
deniers à chacun des deux Maréchaux-des-logis, douze
ſols au Fourrier, neuf ſols à chacun des ſix Brigadiers,
& ſept ſols à chacun des ſoixante-ſept Huſſards & un
Trompette.

La compagnie d'Ouvriers de ſoixante hommes, ſera *Compagnie d'Ouvriers.*
payée à raiſon par jour, de quatre livres au Capitaine,
quarante ſols au Lieutenant, trente ſols au Lieutenant
en ſecond, vingt-cinq ſols au Sous-lieutenant, ſeize
ſols quatre deniers à chacun des trois Sergens, quatorze
ſols quatre deniers à chacun des trois Maîtres-ouvriers,
douze ſols deux deniers à chacun des trois Sous-maîtres,
dix ſols deux deniers à chacun des vingt-un Charpentiers,
& huit ſols deux deniers à chacun des trente Apprentifs,
y compris le Tambour.

Le Capitaine recevra de plus ſix payes de gratifica- *Payes de gratification.*
tion , de huit ſols deux deniers chacune, ſa compagnie
étant complète de ſoixante hommes, trois à cinquante-
neuf, une à cinquante-huit, & rien au deſſous dudit
nombre de cinquante-huit hommes.

Il ſera payé vingt ſols par jour au Charretier attaché *Charretier.*
à ladite compagnie, pour conduire le Caiſſon deſtiné
à porter les outils & munitions, lequel Caiſſon ſera
attelé de trois chevaux, à chacun deſquels il ſera fourni
une ration de fourrages.

L'État-major de la Légion-royale, ſera payé ſur le *État-major.*
pied par jour, de ſeize livres treize ſols quatre deniers au
Colonel-commandant, tant pour ſes appointemens en

F

ladite qualité, que pour lui tenir lieu de ceux de Capitaine, ne devant point avoir de compagnie ; laquelle fixation aura lieu à commencer du premier avril de la préfente année ; fix livres au Major, trois livres fix fols huit deniers à chacun des deux Aides-majors d'Infanterie, dont fix fols huit deniers de fupplément ; quatre livres à chacun des deux Aides - majors de Dragons, trente fols à chacun des Aumôniers & Chirurgiens, & vingt fols à chacun des Aides-chirurgiens & Prevôt.

Entend Sa Majefté que les appointemens des Officiers mis d'augmentation dans cette Légion par ladite ordonnance du 10 février 1759, ainfi que la folde & maffe des Soldats, Dragons & Huffards mis pareillement d'augmentation, ne commence à avoir lieu que du 15 février de la préfente année fuivant les revûes des Commiffaires des guerres, & le fourrage fera fourni aux chevaux effectifs auxdites revûes.

LE Régiment des Volontaires du Dauphiné, porté par ordonnance du 7 avril 1758, à cinq cens foixante hommes, en huit compagnies de foixante-dix hommes chacune, dont quarante d'Infanterie, & trente Dragons montés, fera payé, favoir :

Chacune defdites compagnies de foixante-dix hommes, à raifon par jour, de fix livres au Capitaine en pied ou titulaire, dont vingt fols de fupplément.

Pour la partie de l'Infanterie, cinquante-fix fols huit deniers au Capitaine en fecond de Fufiliers, dont fix fols huit deniers de fupplément ; quarante fols au Lieutenant, dont fix fols huit deniers de fupplément ; onze fols quatre deniers à chacun des deux Sergens, fept fols huit deniers à chacun des trois Caporaux, fix fols huit deniers à chacun des trois Anſpeſſades, & cinq ſols huit deniers à chacun des trente-un Fuſiliers & au Tambour.

Et pour la partie des Dragons, trois livres ſix ſols *Dragons.* huit deniers au Capitaine en ſecond, dont ſix ſols huit deniers de ſupplément; cinquante ſols au Lieutenant, vingt-ſix ſols huit deniers au Maréchal-des-logis, ſept ſols ſix deniers à chacun des deux Brigadiers, & ſix ſols ſix deniers à chacun des vingt-ſept Dragons & au Tambour.

Le Capitaine titulaire recevra en outre pour ſa com- *Payes de* pagnie d'Infanterie, cinq payes de gratification, de cinq *gratification.* ſols huit deniers chacune, dont deux d'augmentation, ſa compagnie étant complète de quarante hommes, trois à trente-neuf, une à trente-huit, & rien au deſſous dudit nombre de trente-huit hommes.

Les ſieurs Beringuier & Lancize qui ont rang de Lieu- *Supplément* tenant-colonel, & qui commandent chacun en qualité de *d'appointemens* Capitaine une des compagnies dudit régiment, continue- *aux ſieurs Be-* ront de recevoir, outre leurs appointemens de Capitaine, *ringuier & Lan-* chacun trente-trois ſols quatre deniers par jour, lequel *cize.* traitement leur étant perſonnel, n'aura point lieu pour ceux qui leur ſuccéderont; voulant au ſurplus Sa Majeſté que leſdits ſieurs Beringuier & Lancize faſſent le ſervice de Capitaine audit régiment.

L'État-major de ce régiment ſera payé ſur le pied par *État major.* jour; ſavoir, de ſeize livres treize ſols quatre deniers au Colonel, dix livres au Lieutenant-colonel, leſquels ne doivent point avoir de compagnie; ſix livres au Major, trois livres ſix ſols huit deniers à l'Aide-major, trente ſols à l'Aumônier, & vingt ſols au Chirurgien.

Il ſera entretenu dans ledit régiment un Enſeigne pour *Enſeigne &* *Cornette pour* porter le drapeau, & un Cornette pour porter l'étendard, lefquels feront payés, fur le pied par jour, de trente fols à l'Enfeigne, & de quarante-cinq fols au Cornette.

LE régiment des Volontaires-Etrangers de Clermont-Prince, réduit par ordonnance du 15 août 1758, à douze cens hommes, dont huit cens à pied, & quatre cens à cheval, formant deux compagnies de Grenadiers de cinquante hommes, fept compagnies de Fufiliers de cent hommes, & huit compagnies de Cavalerie de cinquante hommes, fera payé, favoir:

Chacune des deux compagnies de Grenadiers, fur le pied par jour, de fix livres au Capitaine, trois livres au Lieutenant, trente fols au Sous-lieutenant, treize fols quatre deniers à chacun des deux Sergens, huit fols deux deniers à chacun des trois Caporaux, fept fols deux deniers à chacun des trois Anfpeffades, fix fols huit deniers à chacun des quarante-un Grenadiers, & fept fols deux deniers au Tambour. Le Capitaine recevra de plus cinq payes de gratification de fix fols huit deniers chacune, fa compagnie étant complète de cinquante hommes, & rien au deffous dudit nombre.

Chacune des fept compagnies de Fufiliers, fur le pied par jour, de cinq livres au Capitaine, cinquante fols au Capitaine en fecond, trente-trois fols quatre deniers au Lieutenant en premier, vingt-fept fols au Lieutenant en fecond, vingt-quatre fols au Sous-lieutenant, onze fols quatre deniers à chacun des quatre Sergens, douze fols deux deniers à chacun des quatre Cadets, neuf fols deux deniers au Fourrier, pareils neuf fols deux deniers au Capitaine d'armes, fept fols deux deniers à chacun des fix Caporaux, fix fols deux deniers à chacun des fix

Anſpeſſades, ſept ſols deux deniers à chacun des deux Canonniers & deux Charpentiers, cinq ſols huit deniers à chacun des ſoixante-douze Fuſiliers, & ſept ſols deux deniers à chacun des deux Tambours. Le Capitaine recevra de plus douze payes de gratification de cinq ſols huit deniers chacune, ſa compagnie étant complète de cent hommes; onze à quatre-vingt-dix-neuf, dix à quatre-vingt-dix-huit, neuf à quatre-vingt-dix-ſept, huit à quatre-vingt-quinze, ſept à quatre-vingt-douze, & ſix à quatre-vingt-dix, ne devant rien toucher deſdites payes de gratification, ſa compagnie étant au deſſous dudit nombre de quatre-vingt-dix hommes.

Chacune des huit compagnies de Cavalerie, ſur le pied par jour, de ſix livres au Capitaine, trois livres au Lieutenant, quarante-cinq ſols au Cornette, trente ſols à chacun des deux Maréchaux - des - logis, neuf ſols à chacun des quatre Brigadiers, quatorze ſols à chacun des deux Cadets, ſept ſols à chacun des quarante - trois Cavaliers, & dix ſols au Trompette ou Timbalier, où il doit y en avoir. Compagnies de Cavalerie.

L'État-major de ce régiment ſera payé ſur le pied par jour, de ſeize livres treize ſols quatre deniers au Colonel-lieutenant, quatorze livres au Lieutenant-colonel, dix livres au Lieutenant - colonel en ſecond, tant pour leur traitement en leurdite qualité, que pour leur tenir lieu de celui de Capitaine, ne devant point avoir de compagnie; huit livres au Major, trois livres ſix ſols huit deniers à chacun des deux Aides-majors d'Infanterie, trois livres dix ſols à chacun des deux Aides-majors de Cavalerie, trente ſols à l'Aumônier, vingt ſols au Chirurgien-major, trente ſols au Maréchal-des-logis, quarante ſols à État-major, l'Auditeur, pareils quarante fols au Prevôt, vingt fols au Greffier, & douze fols à chacun des deux Archers & à l'Exécuteur de Juſtice.

Quoique l'intention de Sa Majeſté ſoit de fixer les appointemens des Colonels des régimens de Troupes légères, ſur le pied ci-deſſus de ſeize livres treize ſols quatre deniers par jour, à commencer du premier avril de la préſente année, Elle entend cependant que le Colonel-lieutenant du régiment des Volontaires-Étrangers de Clermont-Prince, jouiſſe des vingt-cinq livres par jour qui lui étoient attribuées ci-devant juſqu'au jour qu'il ſera remplacé, au moyen de quoi les appointemens de ſon ſucceſſeur ſeront réduits à la ſomme ci-deſſus de ſeize livres treize ſols quatre deniers.

RÉGIMENT des VOLONTAIRES LIÉGEOIS. — LE Régiment des Volontaires-Liégeois, créé par ordonnance du 15 août 1758, compoſé de ſix cens hommes, dont quatre cens à pied & deux cens à cheval, formant quatre compagnies de Fuſiliers de cent hommes chacune, & un pareil nombre de compagnies de Cavalerie, de cinquante hommes, ſera payé, ſavoir;

Compagnies d'Infanterie. — Chacune des quatre compagnies de Fuſiliers, ſur le pied par jour, de cinq livres au Capitaine, cinquante ſols au Capitaine en ſecond, trente-trois ſols quatre deniers au Lieutenant en premier, vingt-ſept ſols au Lieutenant en ſecond, vingt-quatre ſols au Sous-lieutenant, onze ſols quatre deniers à chacun des quatre Sergens, neuf ſols deux deniers au Fourrier, pareils neuf ſols deux deniers au Capitaine d'armes, ſept ſols deux deniers à chacun des ſix Caporaux, ſix ſols deux deniers à chacun des ſix Anſpeſſades, ſix ſols huit deniers à chacun des dix Grenadiers, cinq ſols huit deniers à chacun des ſoixante-dix Fuſiliers,

& sept sols deux deniers à chacun des deux Tambours.

Le Capitaine recevra de plus douze payes de grati-fication de cinq sols huit deniers chacune, sa compagnie étant complète de cent hommes ; onze à quatre-vingt-dix-neuf, dix à quatre-vingt-dix-huit, neuf à quatre-vingt-dix-sept, huit à quatre-vingt-quinze, sept à quatre-vingt-douze, & six à quatre-vingt-dix, & rien au dessous dudit nombre de quatre-vingt-dix hommes.

Chacune des quatre compagnies de Cavalerie, sur le pied par jour, de six livres au Capitaine, trois livres au Lieutenant, quarante-cinq sols au Cornette, trente sols à chacun des deux Maréchaux-des-logis, neuf sols à chacun des quatre Brigadiers, sept sols à chacun des quarante-cinq Cavaliers, & dix sols au Trompette ou Timbalier.

Compagnies de Cavalerie.

L'État-major de ce régiment sera payé sur le pied par jour, de seize livres treize sols quatre deniers au Colonel, dix livres au Lieutenant-colonel, tant pour leurs appointemens en ladite qualité, qu'en celle de Capitaine, ne devant point avoir de compagnie ; huit livres au Major, trois livres dix sols à l'Aide-major de Cavalerie, trois livres six sols huit deniers à celui d'Infanterie, trente sols à l'Aumônier, & vingt sols au Chirurgien.

État-major.

Le Régiment des Volontaires-Étrangers, commandé par le sieur de Vignolles, formé en conséquence de l'ordonnance du 27 janvier 1759, des second & troisième bataillons des Volontaires-Étrangers, & composé, à commencer du premier mars 1759, d'un seul bataillon de sept cens hommes, en dix-sept compagnies, dont une de Grenadiers de soixante hommes, & seize de Fusiliers de quarante, sera payé sur le pied de son ancienne composition jusqu'au dernier février 1759, & à commencer

RÉGIMENT des VOLONTAIRES ÉTRANGERS de VIGNOLLES.

du premier mars suivant, jour de sa nouvelle compofition, sur celui ci-après, savoir,

Compagnie de Grenadiers.

La compagnie de Grenadiers, compofée d'un Capitaine, un Lieutenant, un Lieutenant en second, trois
Sergens, trois Caporaux, trois Anfpeffades, quarante-
neuf Grenadiers, un Fifre & un Tambour, à raifon de
cent livres par mois au Capitaine, foixante-fix livres au
Lieutenant, cinquante livres au Lieutenant en second, &
de treize livres par homme auffi par mois.

Le Capitaine recevra de plus neuf payes de gratification de treize livres chacune, fa compagnie devant
toûjours être complète au nombre de foixante.

Compagnies de Fufiliers.

Chaque compagnie de Fufiliers, compofée d'un Capitaine, un Lieutenant, un Lieutenant en second, deux
Sergens, trois Caporaux, trois Anfpeffades, un Tambour,
un Fifre & trente Fufiliers, fera payée par mois, à raifon
de quatre-vingt-dix livres au Capitaine, foixante livres
au Lieutenant, cinquante livres au Lieutenant en second,
& de treize livres par homme auffi par mois.

Le Capitaine recevra de plus fix payes de gratification de treize livres chacune, fa compagnie étant complète à quarante hommes, quatre à trente-huit, deux à
trente-fix, & rien au deffous dudit nombre de trente-fix
hommes.

Veut Sa Majefté, qu'au moyen du traitement ci-deffus,
chaque Capitaine foit tenu d'entretenir fa troupe d'habillement, d'équipement & d'armement; de payer la
folde de fa compagnie, y compris les Sergens, Haute-
payes & Grenadiers, fans aucune retenue, fous quelque
prétexte que ce foit, & de la maintenir au nombre
d'hommes auquel elle eft fixée.

L'État-

L'État-major fera payé à raifon par mois de cinq cens État major.
livres au Colonel, trois cens livres au Lieutenant-colonel,
pareilles trois cens livres au Lieutenant-colonel en fecond,
lefquels ne doivent point avoir de compagnie ; deux
cens quarante livres au Major, cent livres à l'Aide-major,
quatre-vingt-dix livres au Sous-aide-major, quarante-cinq
livres à l'Aumônier, & cinquante livres au Chirurgien.

Les Officiers qui, par la nouvelle formation de ce Officiers
réformés.
régiment, fe font trouvés d'excédans, & que Sa Majefté
a bien voulu entretenir à la fuite dudit régiment en
qualité d'Officiers réformés, chacun fuivant leur grade,
feront payés fur le pied de cinq cens livres par an à
chaque Capitaine, trois cens livres à chaque Lieutenant,
& deux cens livres à chaque Lieutenant en fecond.

Le régiment Royal-Cantabres, compofé par ordon- RÉGIMENT
ROYAL-
CANTABRES.
nance du 13 janvier 1759, d'un bataillon de fix cens
quatre hommes, en neuf compagnies, dont une de
Grenadiers de cinquante-fix hommes, & huit de Fufiliers
de foixante-huit hommes chacune, fera payé fur le pied
par jour, favoir;

La compagnie de Grenadiers, de fix livres au Capi- Compagnie
de Grenadiers.
taine, quarante fols au Lieutenant, trente-trois fols quatre
deniers au Lieutenant en fecond, douze fols quatre deniers à chacun des deux Sergens, onze fols deux deniers
au Fourrier, dix fols deux deniers au Capitaine d'armes,
huit fols huit deniers à chacun des quatre Caporaux, fept
fols huit deniers à chacun des quatre Anfpeffades, & fix
fols huit deniers à chacun des quarante-trois Grenadiers
& un Tambour.

Le Capitaine recevra de plus fix payes de gratification
de fix fols huit deniers chacune, fa compagnie devant

G

être toûjours complète, en exécution de l'ordonnance du 22 octobre 1758.

Compagnies de soixante-huit hommes.

Chaque compagnie de soixante-huit hommes, à raison de cinq livres au Capitaine en pied, dont trente-trois sols quatre deniers de supplément; quarante sols au Lieutenant, dont cinq sols de supplément; trente-trois sols quatre deniers au Lieutenant en second, dont trois sols quatre deniers de supplément; onze sols quatre deniers à chacun des trois Sergens, dix sols deux deniers au Fourrier, neuf sols deux deniers au Capitaine d'armes, sept sols deux deniers à chacun des quatre Caporaux, six sols huit deniers à chacun des quatre Anspessades, & cinq sols huit deniers à chacun des cinquante-quatre Fusiliers & un Tambour.

Payes de gratification.

Le Capitaine, outre ses appointemens, recevra sept payes de gratification de cinq sols huit deniers chacune, sa compagnie étant complète de soixante-huit hommes, cinq à soixante-six, trois à soixante-quatre, une à soixante-deux, & rien au dessous dudit nombre de soixante-deux hommes.

Les quatre Capitaines en second, qui, par la nouvelle composition de ce régiment, se sont trouvés d'excédant, seront employés en leurdite qualité aux quatre premières compagnies de Fusiliers, & seront payés de leurs appointemens, sur le pied de cinquante-six sols huit deniers par jour, jusqu'à ce qu'ils soient pourvûs de compagnies.

État-major.

L'État-major de ce régiment, sera payé sur le pied par jour, de seize livres treize sols quatre deniers au Colonel-lieutenant, dix livres au Lieutenant-colonel qui n'auront plus de compagnie, six livres au Major, trois livres six sols huit deniers à l'Aide-major, y compris six sols huit deniers de supplément; trente sols à l'Aumônier, vingt sols au Chirurgien, & douze sols à chacun des quatre Tambourins.

Le Corps des Chasseurs de Fischer, composé de douze cens hommes, en conséquence de l'ordonnance du 8 juillet 1757, en seize compagnies, dont huit d'Infanterie de soixante-quinze hommes chacune, & huit de Cavalerie de même nombre, sera payé sur le pied par jour, savoir;

Corps des Chasseurs de Fischer. Composition.

Chacune des compagnies d'Infanterie de soixante-quinze hommes, à raison de cinquante-six sols huit deniers au Capitaine en second, dont six sols huit deniers de supplément; quarante sols au premier Lieutenant, dont cinq sols de supplément; trente-trois sols quatre deniers au second Lieutenant, dont trois sols quatre deniers de supplément; vingt sols à chacun des quatre Sergens, seize sols à chacun des six Caporaux, quatorze sols à chacun des six Anspessades & des six Grenadiers, & dix sols à chacun des cinquante-trois Chasseurs.

Compagnies d'Infanterie de soixante - quinze hommes.

Chacune des compagnies de Cavalerie, de soixante-quinze hommes, à raison de quatre livres au premier Capitaine en second, dont treize sols quatre deniers de supplément; cinquante-six sols huit deniers au second Capitaine en second, dont six sols huit deniers de supplément; cinquante sols au premier Lieutenant, dont cinq sols de supplément; quarante sols au second Lieutenant, vingt-six sols huit deners à chacun des deux Maréchaux-des-logis, seize sols à chacun des six Brigadiers, & dix sols à chacun des soixante-neuf Chasseurs.

Compagnies de Cavalerie de soixante-quinze hommes.

L'État-major dudit Corps, sera payé sur le pied par jour, savoir; de quinze livres au sieur Fischer, tant en sa qualité de Commandant, que de Capitaine en premier

État-major.

des compagnies à pied & à cheval ; dix livres au Lieutenant-colonel, six livres au Major, trois livres six sols huit deniers à chacun des deux Aides-majors, trente sols à l'Aumônier, vingt sols au Chirurgien, & pareils vingt sols au Prevôt.

Surnuméraires. Les Surnuméraires que Sa Majesté a autorisé le sieur Fischer d'admettre dans ledit Corps, par son ordonnance particulière du 15 août 1757, continueront d'être payés de leur solde sur le pied de dix sols chacun par jour, suivant les revûes des Commissaires des guerres, en observant de ne point excéder le nombre de huit cens hommes fixé par ladite ordonnance, sans aucune haute-paye ni autre dépense pour Sa Majesté, tant qu'Elle jugera à propos de laisser subsister lesdits Surnuméraires au-delà des douze cens hommes à quoi Elle a fixé ledit Corps par son ordonnance du 8 juillet 1757.

Entend Sa Majesté qu'au moyen du traitement ci-dessus, le sieur Fischer sera chargé de l'habillement, armement, équipement & entretien desdits Chasseurs, tant à pied qu'à cheval.

RÉGIMENT des VOLONTAIRES D'ALSACE, ci-devant BÉYERLÉ. Compoſition. Compagnies de ſoixante-dix hommes, dont quarante d'Infanterie & trente Dragons.

Infanterie.

LE régiment des Volontaires d'Alsace, composé de quatre cens vingt hommes, en conséquence de l'ordonnance du premier février 1758, en six compagnies de soixante-dix hommes chacune, dont quarante d'Infanterie & trente Dragons, sera payé sur le pied, savoir ;

Chaque compagnie, à raison de six livres par jour au Capitaine en pied ou titulaire, dont vingt sols de supplément : Pour la partie de l'Infanterie, de trois livres au Capitaine en second, quarante sols au Lieutenant ; & le Capitaine titulaire recevra pour la solde de quarante hommes à pied, treize livres par mois ; & pareilles treize livres, auſſi par mois, pour chacune des cinq payes de gratification, dont une de ſupplément, ſa compagnie étant complète de quarante hommes, trois à trente-neuf, deux à trente-huit, & rien au deſſous dudit nombre de trente-huit hommes. *Payes de gratification.*

Il ſera payé au Capitaine en ſecond de Dragons, trois livres dix ſols par jour, cinquante ſols au Lieutenant, vingt-ſix ſols huit deniers au Maréchal-des-logis, neuf ſols à chacun des deux Brigadiers, & ſept ſols à chacun des vingt-ſept Dragons & au Tambour ou Trompette. *Dragons.*

L'État-major de ce régiment, ſera payé ſur le pied par jour, ſavoir; de ſeize livres treize ſols quatre deniers au Colonel, de dix livres au Lieutenant-colonel, tant pour leurs appointemens en ladite qualité, que pour leur tenir lieu de ceux de Capitaine; ſix livres au Major, trois livres dix ſols à l'Aide-major, trente ſols à l'Aumônier, & vingt ſols au Chirurgien. *État-major.*

Il ſera de plus entretenu un Enſeigne & un Cornette audit régiment, pour porter le drapeau & l'étendard, & il ſera payé trente ſols par jour d'appointemens à l'Enſeigne, & quarante ſols au Cornette. *Enſeigne & Cornette pour porter le drapeau & l'étendard.*

LE Corps des Fuſiliers de Montagne, compoſé de cent vingt hommes, en trois compagnies de quarante hommes chacune, ſera payé, ſavoir; *FUSILIERS de MONTAGNE.*

Chaque compagnie ſur le pied par jour, de quatre livres au Capitaine en premier, dont vingt ſols de ſupplément; trois livres au Capitaine en ſecond, dont dix ſols de ſupplément; trente-trois ſols quatre deniers au Lieutenant, y compris trois ſols quatre deniers de ſupplément; quinze ſols à chacun des trois Brigadiers, onze ſols à chacun des trois Sous-brigadiers, & neuf *Compagnies.*

fols à chacun des trente-trois Fufiliers & au Tambour.

Il fera retenu pour l'habillement, armement & équipement defdites trois compagnies, quatre fols par jour fur la folde de chaque Brigadier, trois fols fur celle de chaque Sous-brigadier, & deux fols fur celle de chaque Fufilier & Tambour : Mais comme cette retenue ne peut avoir lieu fur la folde que pour le nombre d'hommes dont les compagnies fe trouveront compofées aux revûes des Commiffaires des guerres, ce qui opéreroit un vuide au Capitaine dans les fonds deftinés aux réparations de fa troupe ; & Sa Majefté voulant y fuppléer, Elle veut bien prendre fur fon compte les deux fols affectés à l'habillement, équipement & armement de chacun des Fufiliers qui manqueront aux revûes, afin que cela compofe une fomme toûjours égale, fans avoir égard aux hommes qui pourroient manquer dans les compagnies, pour compofer à la fin de l'année une Maffe complète fur le pied ci-deffus, laquelle demeurera entre les mains du Tréforier général de l'Extraordinaire des guerres, pour être payée fur la main-levée d'un Infpecteur d'Infanterie ; au moyen de quoi, chaque Capitaine fera chargé de l'entretien général de fa troupe.

État-major. L'État-major dudit Corps de Fufiliers de Montagne, fera payé à raifon par jour, de fix livres treize fols quatre deniers au Commandant, dont trente-trois fols quatre deniers de fupplément, tant pour fes appointemens en ladite qualité, que pour lui tenir lieu de ceux de Capitaine, ne devant être attaché à aucune compagnie ; & trois livres fix fols huit deniers à l'Aide-major, y compris feize fols huit deniers de fupplément.

La compagnie de Fufiliers-guides, créée par ordonnance du 26 décembre 1756, compofée de vingt-cinq hommes, dont treize à pied & douze à cheval, fera payée à raifon par jour, de quatre livres au Capitaine, vingt-fept fols huit deniers au Lieutenant, vingt fols au Lieutenant en fecond, treize fols quatre deniers à chacun des deux Sergens, dont un à cheval; dix fols huit deniers à chacun des deux Caporaux, dont un à cheval; huit fols huit deniers à l'Anfpeffade, & fix fols huit deniers à chacun des vingt Fufiliers-guides, dont dix à cheval. Le Capitaine recevra de plus deux payes de gratification de fix fols huit deniers chacune, la compagnie étant complète de vingt-cinq hommes.

COMPAGNIE de FUSILIERS-GUIDES.

Payes de gratification.

Outre la folde ci-deffus réglée pour les régimens des Volontaires de Flandre & du Haynault, le corps des Volontaires-royaux, les régimens des Volontaires du Dauphiné & de Royal-Cantabres, les troupes à cheval du régiment des Volontaires d'Alface, & la compagnie de Fufiliers-guides, il fera payé vingt-quatre deniers par jour pour chaque Sergent & Maître-ouvrier, dont quatre deniers d'augmentation, & douze deniers, dont deux d'augmentation, pour chaque Caporal, Anfpeffade, Grenadier, Fufilier, Ouvrier, Brigadier, Sous-brigadier, Volontaire, Cavalier, Dragon, Fufilier-guide à pied ou à cheval, Trompette, Timbalier & Tambour, pour former une Maffe toûjours complète par année, laquelle reftera entre les mains du Tréforier général de l'Extraordinaire des guerres, pour être délivrée & employée, comme il eft réglé à l'article de la Maffe de l'Infanterie françoife; Sa Majefté voulant que ladite Maffe ait lieu au complet, ainfi qu'elle eft fixée ci-deffus, pour tous lefdits Corps.

MASSE des Troupes légères.

372

Gratifications attachées aux charges.

Sa Majesté ayant bien voulu accorder, à commencer du premier janvier 1758, des gratifications attachées aux charges, aux Lieutenans-colonels, Majors & Aides-majors de plusieurs desdits régimens de Troupes légères, ils en seront payés suivant les ordres particuliers qu'Elle en fera expédier chaque année.

Entend Sa Majesté, que sur la paye des Sergens, Caporaux, Anspessades, Grenadiers, Fusiliers & Tambours, il en soit affecté à l'entretien du linge & chaussure, savoir; seize deniers pour chaque Sergent, dont quatre deniers de supplément; & huit deniers aussi par jour, dont deux deniers de supplément, pour chaque Caporal, Anspessade, Grenadier, Fusilier & Tambour, tant des troupes d'Infanterie françoise & de la Milice, que des troupes légères.

X.

INFANTERIE SUISSE ET GRISONNE.

Suisses & Grisons.

Appointemens & Solde.

Les cent trente-deux compagnies des onze régimens Suisses & Grisons, y compris celui d'Eptingen, créé par ordonnance du 25 février 1758, formant vingt-deux bataillons, chaque bataillon de six compagnies, à cent vingt hommes, les Officiers compris, seront payées sur le pied de seize livres par mois pour chaque homme &

Payes de gratification.

pour chacune des quarante payes de gratification, y compris cinq payes de premier supplément, accordées par l'ordonnance du 6 décembre 1749; & huit payes de second supplément, lesquelles quarante payes de gratification seront données au Capitaine de chaque compagnie, à tel nombre d'hommes qu'elle passe aux revûes des Commissaires des guerres.

Au

Au moyen du traitement ci-deſſus, chaque Capitaine doit avoir & entretenir dans ſa compagnie, un Capitaine-lieutenant à cent vingt livres par mois, y compris vingt livres de ſupplément; un Lieutenant à quatre-vingt-dix livres, y compris quinze livres de ſupplément; un Sous-lieutenant à ſoixante livres, y compris dix livres de ſup-plément; un Enſeigne à cinquante livres, y compris trois livres de ſupplément; deux Sergens à vingt-cinq livres chacun, un autre Sergent & un Fourrier à vingt livres chacun, un Porte-enſeigne & un Capitaine d'armes à dix-huit livres chacun, un Prevôt à quinze livres, quatre Caporaux, quatre Anſpeſſades & cent Fuſiliers, y compris les Tambours & Fifre : Voulant au ſurplus Sa Majeſté, que dans les compagnies dont les Capitaines ne ſervent point au Corps, le Capitaine-commandant reçoive cent trente livres par mois.

A l'égard des compagnies qui ſont compoſées de deux demi-compagnies, Sa Majeſté trouve bon que les Capitaines dont les compagnies ſeront ainſi cou-plées, y ſervent alternativement pendant un an, & que celui des deux qui pourra s'abſenter, ſoit payé comme préſent.

Sa Majeſté veut bien auſſi que les Capitaines com-mandant les compagnies dont les Capitaines ſervent à d'autres emplois, s'abſentent alternativement; mais Elle ordonne que pendant l'année de leur abſence, ils ne reçoivent que cinquante livres par mois, au lieu de cent trente livres qu'ils ont pendant l'année de leur ſervice.

L'État-major de chacun deſdits régimens Suiſſes & *État-major.* Griſons, ſera payé ſur le pied de mille livres par mois dans le lieu où la compagnie Colonelle ſe trouvera.

H

S'il arrive qu'un Officier des compagnies des régimens Suiffes & Grifons, s'abfente fans congé, ou qu'il outre-paffe celui qui lui aura été accordé, il fera retenu fur la folde de ladite compagnie, indépendamment de la paye perfonnelle de l'Officier, huit payes par mois pour l'abfence du Capitaine titulaire, Capitaine-commandant & Capitaine-lieutenant; fix payes pour celle du Lieutenant, quatre pour celle du Sous-lieutenant, & trois pour celle de l'Enfeigne, pendant le temps que l'abfence de l'Officier aura duré.

Sa Majefté ayant jugé à propos, pour le bien de fon fervice, de mettre par fon ordonnance du premier avril 1756, les dix anciens régimens Suiffes & Grifons à deux bataillons de fix compagnies, au lieu de trois bataillons de quatre compagnies, dont ils étoient chacun compofés; fon intention eft que les Officiers qui commandoient les troifièmes bataillons defdits régimens Suiffes & Grifons, confervent les prérogatives qui étoient attachées à leur emploi, tant qu'ils ne fe trouveront pas pourvûs d'un grade fupérieur.

A l'égard des régimens Suiffes & Grifons qui fervent dans les armées, auxquels Sa Majefté a bien voulu accorder la paye de guerre, en conféquence des ordonnances parti-culières qu'Elle a fait expédier à ce fujet, fon intention eft que cette paye leur foit continuée jufqu'à ce qu'Elle en ordonne autrement, fur le pied de dix-fept livres huit fols par homme, par mois, pour les cent vingt hommes dont chaque compagnie eft compofée, y compris les Officiers, & des quarante payes de gratification attribuées au Capitaine, à tel nombre que fa compagnie paffe aux revûes des Commiffaires des guerres, au lieu de feize livres qu'ils ont en temps de paix, en entretenant les mêmes Officiers par compagnie, aux appointemens ci-deſſus expliqués; & l'État-major de chacun deſdits régimens, qui ſont à la ſolde de guerre, ſera payé à raiſon de dix-neuf cens ſoixante livres huit ſols par mois, au lieu de mille livres qu'il reçoit ſur le pied de paix

Les gratifications attachées aux charges, que Sa Majeſté a bien voulu accorder en augmentation de traitement au Lieutenant-colonel commandant de bataillon, Capitaine commandant les compagnies au lieu & place des Titulaires, & aux Aides-majors de chacun des régimens Suiſſes & Griſons, ſeront payées ſuivant les ordres particuliers que Sa Majeſté en fera expédier tous les ans, à raiſon de quatre cens livres d'augmentation à chaque Lieutenant-colonel à celle de ſix cens livres dont il jouiſſoit, pour lui faire mille livres; ſix cens livres à chaque Commandant de bataillon, quatre cens livres à chaque Capitaine-commandant, & deux cens livres à chaque Aide-major.

X I.

INFANTERIE ÉTRANGÉRE.

LES régimens d'Infanterie Allemande, ſavoir; celui d'Alſace, compoſé de trois bataillons; ceux d'Anhalt, la Marck, Royal-Suédois, Royal-Bavière & Lowendal, de deux bataillons; ceux de Bergh, la Dauphine, Saint-Germain, & Royal-Pologne, d'un bataillon; le régiment de Boüillon, de deux bataillons, créé ſur le pied étranger; & ceux de Vierzet & d'Horion, d'Infanterie Liégeoiſe, auſſi de deux bataillons : chaque bataillon de tous ces régimens, compoſés de huit compagnies de quatre-vingt-cinq hommes, les Officiers non compris, seront payés sur le pied de treize livres par mois pour chaque homme, & pour les payes de gratification qui leur sont réglées.

Compagnies. Chacune des huit compagnies de chaque bataillon desdits régimens, commandée par un Capitaine, un Capitaine en second, un premier Lieutenant, un second Lieutenant, & un Lieutenant en second qui, dans les deux premières compagnies de chaque bataillon tiendra lieu d'Enseigne pour porter les drapeaux, sera payée par mois, savoir;

A chacun des Capitaines des deux premières compagnies des bataillons colonels, autres que celles des Colonels & Lieutenans - colonels, sur le pied de cent cinquante livres par mois, y compris soixante livres d'augmentation.

A chacun des deux Capitaines des deux compagnies qui suivent par leur rang, la somme de cent quarante livres, y compris cinquante livres d'augmentation.

Et à chacun des Capitaines des quatre autres compagnies, y compris celles des Colonels & Lieutenans-Colonels, à raison de cent trente livres par mois, dont quarante livres d'augmentation.

A l'égard des seconds bataillons des régimens qui en ont deux, & du troisième du régiment d'Alsace, chacun des Capitaines des deux premières compagnies, y compris le Commandant de bataillon, recevront cent cinquante livres d'appointemens par mois, dont soixante livres d'augmentation.

Chacun des deux Capitaines des deux compagnies qui suivent par leur rang, la somme de cent quarante livres, y compris cinquante livres d'augmentation.

Et chacun des Capitaines en pied des quatre autres compagnies, recevront cent trente livres par mois, dont quarante livres d'augmentation.

Quant aux autres Officiers defdites compagnies, ils feront payés fur le pied par mois, favoir; de cent vingt livres au Capitaine en fecond, y compris trente livres de fupplément; de foixante-quinze livres au premier Lieutenant, y compris quinze livres de fupplément; de foixante livres au fecond Lieutenant, y compris neuf livres de fupplément; & de cinquante livres au Lieutenant en fecond, y compris deux livres de fupplément.

Entend Sa Majefté qu'au moyen des treize livres par mois que le Capitaine recevra pour chacun des quatre-vingt-cinq hommes dont fa compagnie eft compofée, il entretiendra & payera un premier Sergent à treize fols par jour, deux autres à douze fols chacun, un Fourrier & un Capitaine d'armes à neuf fols chacun, un Fourrier-fchutz à huit fols, trois Caporaux, un Charpentier de profeffion, & deux Tambours à fept fols, fix Anf-peffades & fix Grenadiers à fix fols chacun, & foixante-un Fufiliers à cinq fols fix deniers chacun.

Veut Sa Majefté que les Capitaines des régimens ci-deffus dénommés, reçoivent chacun, indépendamment de leurs appointemens, treize payes de gratification de treize livres chacune par mois, dont deux de fupplément, leur compagnie étant complète de quatre-vingt-cinq hommes aux revûes qui en feront faites par les Commiffaires des guerres; neuf à quatre-vingt-trois, fept à quatre-vingt-un, cinq à quatre-vingt, & rien au deffous dudit nombre de quatre-vingts hommes.

Payes de gratification.

L'État-major de chacun des régimens Allemands d'Alface,

378

État-major des six premiers régimens Allemands.

d'Anhalt, la Marck, Royal-Suédois, Royal-Bavière & Lowendal, fera payé fur le pied par mois, de mille livres au Colonel, cent foixante livres au Lieutenant-colonel, indépendamment de leurs appointemens de Capitaine; trois cens livres au Major, cent livres à l'Interprète, cent vingt livres à l'Aide-major, dont trente livres de fupplément, lequel ne pourra y avoir d'autre charge; quarante-cinq livres à l'Aumônier, cinquante livres à chacun des Chirurgiens & Auditeur, quarante livres au Prevôt, vingt livres à chacun des Greffier & Tambour-major, & dix-huit livres à chacun des deux Archers & à l'Exécuteur de juftice, foixante livres à chacun des Commandans des fecond & troifième bataillons, outre ce qu'il reçoit comme Capitaine, & cent vingt livres à chaque Aide-major defdits bataillons, dont trente livres de fupplément.

État-major des quatre derniers régimens Allemands, & des régimens de Boüillon, Vierzet & Horion.

L'État-major de chacun des régimens de Bergh, la Dauphine, Saint-Germain, Royal-Pologne, du régiment de Boüillon, & de ceux de Vierzet & d'Horion, fera payé fur le pied par mois, de cinq cens foixante livres au Colonel (à l'exception de celui du régiment de Boüillon, qui ne recevra que trois cens foixante livres) tant pour lui, indépendamment de fon traitement de Capitaine, que pour l'entretien de l'Aumônier, du Chirurgien, de l'Auditeur, du Prevôt, du Greffier, du Tambour-major, des deux Archers & de l'Exécuteur de juftice; de deux cens livres au Colonel en fecond du régiment de Boüillon, qui n'aura point de compagnie; de cent cinquante livres, auffi par mois, au Lieutenant-colonel de chacun defdits régimens, outre fon traitement de Capitaine; deux cens cinquante livres au Major, dont cinquante livres de supplément; & cent vingt livres à l'Aide-major, dont trente livres de supplément; de cent livres à chaque Interprète : A l'égard des Commandans des seconds bataillons des régimens de Boüillon, de Vierzet & d'Horion, ainsi que des Aides-majors, ils recevront, savoir; le Commandant de bataillon soixante livres, & l'Aide-major cent vingt livres, y compris trente livres de supplément.

LE régiment d'Infanterie Allemande du Prince Louis de Nassau, composé de deux bataillons, au moyen de la réunion des deux régimens de Nassau, qui s'est faite en conséquence de l'ordonnance du 20 mars 1758, sera payé sur le pied ci-dessus réglé pour les autres régimens d'Infanterie Allemande, en observant cependant que Sa Majesté ayant conservé au sieur de Klinsport, ci-devant Lieutenant-colonel du régiment de Nassau-Wsingen, les appointemens attachés à ce grade en qualité de Lieutenant-colonel en second, commandant le second bataillon de ce régiment; son intention est que ce soit les deux Capitaines des deux premières compagnies qui suivent celle du sieur de Klinsport, qui jouissent des cent cinquante livres réglées aux deux premiers Capitaines des seconds bataillons, y compris celle du Commandant, & que ledit sieur de Klinsport ne soit payé en ladite qualité de Capitaine, que sur le pied de cent trente livres, comme les quatre derniers Capitaines.

RÉGIMENT D'INFANTERIE ALLEMANDE du PRINCE LOUIS DE NASSAU.

L'État-major du régiment du Prince Louis de Nassau, sera payé par mois, sur le pied de mille livres au Colonel, cent soixante livres au Lieutenant-colonel, pareille somme de cent soixante livres au sieur de Klinsport, Lieutenant-colonel en second, indépendamment

État-major.

de leurs appointemens de Capitaines ; & lorfque ledit fieur de Klinfport deviendra Lieutenant-colonel titulaire, ou que fa place fera vacante, de quelque manière que ce foit, le titre de Lieutenant-colonel en fecond fera fupprimé, & l'Officier qui fera nommé au commandement du fecond bataillon pour le remplacer, jouira du même traitement des autres Commandans de bataillons d'Infanterie Allemande. Il fera payé auffi par mois trois cens livres au Major, cent vingt livres à chaque Aide-major des premier & fecond bataillons, cent livres à chacun des deux Interprètes confervés dans ce régiment, quarante-cinq livres à l'Aumônier, cinquante livres à chacun des Chirurgien & Auditeur, quarante livres au Prevôt, vingt livres à chacun des Greffier & Tambour-major, & dix-huit livres à chacun des deux Archers & à l'Exécuteur de juftice.

Paye de guerre aux régimens Allemands qui fervent dans les armées.

L'intention de Sa Majefté eft que les régimens d'Infanterie allemande qui fervent dans fes armées, auxquels Elle a bien voulu accorder la paye de guerre, en conféquence des ordonnances particulières qu'Elle a fait expédier à ce fujet, continuent à recevoir cette paye, jufqu'à ce que Sa Majefté en ordonne autrement, fur le pied de quatorze livres dix fols par homme par mois, pour les quatre-vingt-cinq hommes dont chaque compagnie eft compofée, & des treize payes de gratification attribuées au Capitaine, au lieu de treize livres qu'ils reçoivent par mois, fur le pied de paix : A l'égard des États-majors defdits régimens, ils continueront d'être payés fur le même pied réglé ci-deffus.

Retenue à titre de Maffe fur la Solde des compagnies.

Sa Majefté ayant établi par fon ordonnance du 30 décembre 1751, une retenue de trois livres par homme

par

par mois, à titre de Maſſe, ſur la paye de treize livres qu'Elle accorde en temps de paix aux régimens d'Infanterie allemande, & à ceux de Boüillon, Vierzet & d'Horion, à l'exception des payes de gratification que le Capitaine doit toucher en entier & ſans aucune déduction; laquelle retenue doit être faite ſur le pied du complet de chaque compagnie, à tel nombre d'hommes qu'elles paſſent aux revûes des Commiſſaires des guerres, & être employée ſur la main-levée qui en ſera donnée par les Inſpecteurs, au payement de l'habillement, l'équipement, l'armement & la petite monture, ſon intention eſt que cette retenue continue d'avoir ſon exécution ſur ce pied pour les régimens qui ſont à la paye de paix.

A l'égard des régimens qui jouiſſent préſentement de la paye de guerre, & de ceux qui en jouiront par la ſuite, Sa Majeſté veut & ordonne que la retenue de la Maſſe ſoit portée à quatre livres dix ſols par homme par mois, ſur le pied du complet de chaque compagnie, à tel nombre qu'elles paſſent aux revûes des Commiſſaires des guerres, excepté les payes de gratification que le Capitaine doit toucher ſur le pied de quatorze livres dix ſols, ſans aucune déduction; & que l'emploi de cette retenue ſoit affecté au payement de l'habillement, l'équipement, l'armement & la petite monture, ainſi qu'il eſt réglé par ladite ordonnance du 30 décembre 1751; & que dans le cas où il ſe trouvera de l'excédant, la remiſe en ſoit faite à chaque Capitaine, ſur la main-levée de l'Inſpecteur.

Les Officiers qui commandoient les bataillons ré-formés par les réductions ordonnées dans les régimens d'Infanterie allemande, les 10 & 28 décembre 1748, &

I

qui ont été réfor-
més en 1748
& 1749.

premier février 1749, & qui ont passé avec leur compagnie dans les bataillons restés sur pied, en conservant le titre & le rang de Commandant de bataillon, continueront de jouir, indépendamment de leur traitement de Capitaine, des mêmes appointemens de soixante livres chacun par mois, qu'ils avoient en ladite qualité de Commandant de bataillon, jusqu'à ce qu'ils soient remplacés.

Officiers réfor-
més à la suite
des régimens
Allemands.

Les Officiers réformés entretenus à la suite desdits régimens, y seront payés sur le pied par mois, de cent livres au Colonel, quatre-vingt-trois livres six sols huit deniers au Lieutenant-colonel, & cinquante livres au Capitaine; à l'exception cependant des Colonels & Lieutenans-colonels, auxquels il auroit été réglé des appointemens différens, dont ils continueront de jouir, en conséquence des ordres particuliers qui leur ont été expédiés.

Officiers réfor-
més entretenus
dans les Places,
& qui composent
les brigades.

Les Officiers réformés qui sont entretenus dans les Places, ou qui composent les brigades desdits régimens Allemands, continueront de jouir, en conséquence de l'ordonnance du premier mai 1737 & de l'état y joint, savoir; les Capitaines de la première classe, de quatre-vingt-dix livres par mois, ceux de la seconde de soixante livres, ceux de la troisième de cinquante livres, & ceux de la quatrième de trente-sept livres dix sols; & les Lieutenans de la première classe de quarante-huit livres, ceux de la seconde de trente livres, & ceux de la troisième de vingt livres.

Les sieurs de Valbrun, commandant la brigade d'Alsace, & Commerfort, commandant celle de la Marck, continueront d'être payés sur le pied de quatre-vingt-dix livres par mois à chacun; & ceux qui les remplaceront dans le commandement desdites brigades, recevront le même traitement.

Le sieur de Lort, commandant la brigade à la paye françoise, recevra, suivant l'article VII de ladite ordonnance du premier mai 1737, vingt-cinq livres par mois en ladite qualité, outre les trente-sept livres dix sols à lui attribuées, aussi par mois, en celle de Capitaine.

Le régiment Royal-Deux-Ponts, composé de quatre bataillons, au moyen d'un bataillon d'augmentation, levé par ordonnance du 25 février 1758, chaque bataillon de six compagnies de cent treize hommes chacune, les Officiers non compris.

RÉGIMENT ROYAL-DEUX-PONTS.

Chacune des six compagnies de chaque bataillon, commandée par un Capitaine en pied, un Capitaine en second, un premier Lieutenant, un second Lieutenant, & un Lieutenant en second, qui dans les deux premières compagnies de chaque bataillon, tiendra lieu d'Enseigne pour porter les drapeaux, sera payée par mois, savoir;

Compagnies.

A chacun des Capitaines des deux premières compagnies du premier bataillon, autres que celles des Colonel & Lieutenant-colonel, sur le pied de cent cinquante livres par mois, y compris soixante livres d'augmentation.

A chacun des deux Capitaines des deux compagnies qui suivent par leur rang, la somme de cent quarante livres, y compris cinquante livres d'augmentation.

Et à chacun des Colonel & Lieutenant-colonel, comme Capitaines des deux autres compagnies, à raison de cent trente livres par mois, dont quarante livres d'augmentation.

A l'égard des six compagnies de chacun des second, troisième & quatrième bataillons, chacun des Capitaines des deux premières compagnies, y compris le Commandant de bataillon, recevront cent cinquante livres d'appointemens par mois, dont soixante livres d'augmentation.

Chacun des deux Capitaines des deux compagnies qui suivent par leur rang, la somme de cent quarante livres, y compris cinquante livres d'augmentation.

Et chacun des Capitaines des deux autres compagnies, recevront cent trente livres par mois, dont quarante livres d'augmentation.

Quant aux autres Officiers desdites compagnies, ils seront payés sur le pied par mois, savoir ; de cent vingt livres au Capitaine en second, y compris trente livres de supplément ; de soixante-quinze livres au premier Lieutenant, y compris quinze livres de supplément ; de soixante livres au second Lieutenant, y compris neuf livres de supplément ; & de cinquante livres au Lieutenant en second, y compris deux livres de supplément. Le Capitaine recevra treize livres par mois, pour chacun des cent treize hommes dont sa compagnie est composée, non compris les Officiers, & pour chacune des payes de gratification qui lui sont réglées.

Entend Sa Majesté qu'au moyen des treize livres par mois, que le Capitaine recevra pour chacun des cent treize hommes dont sa compagnie est composée, il entretiendra & payera un premier Sergent à treize sols par jour, deux autres à douze sols chacun, un quatrième à onze sols, un Fourrier & un Capitaine-d'armes à neuf sols chacun, un Fourrier-schutz à huit sols, quatre Caporaux, un Charpentier de profession & trois Tambours à sept sols chacun, huit Anspessades & huit Grenadiers à six sols, & quatre-vingt-deux Fusiliers à cinq sols six deniers chacun par jour.

Le Capitaine recevra de plus seize payes de gratification de treize livres chacune par mois, dont deux de supplément, sa compagnie étant complète audit nombre de cent treize hommes aux revûes des Commissaires ordinaires des guerres, quatorze à cent onze, douze à cent neuf, dix à cent sept, huit à cent cinq, & rien au dessous dudit nombre de cent cinq hommes.

Payes de gratification.

L'État-major dudit régiment, composé d'un Colonel-lieutenant, un Lieutenant-colonel, un Commandant de chacun des second, troisième & quatrième bataillons, un Major, quatre Aides-majors & un Interprète, sera payé sur le pied par mois, savoir; au Colonel-lieutenant, de cinq cens soixante livres, tant pour lui en sa qualité de Colonel, indépendamment de son traitement de Capitaine, que pour l'entretien de l'Aumônier, du Chirurgien, de l'Auditeur, du Prevôt, du Greffier, du Tambour-major, des deux Archers & de l'Exécuteur de justice; de cent cinquante livres par mois au Lieutenant-colonel, de soixante livres au Commandant de chacun des second, troisième & quatrième bataillons, outre leur traitement de Capitaine; de deux cens cinquante livres au Major, de cent vingt livres à chacun des quatre Aides-majors qui ne pourront avoir d'autre charge dans le régiment, y compris trente livres d'augmentation, & de cent livres à l'Interprète.

État-major.

A l'égard de la retenue à titre de Masse, elle sera faite conformément à ce qui est ordonné pour les régimens d'Infanterie allemande, sur le pied de trois livres par homme par mois, ce régiment étant à la paye de paix,

Retenue à titre de Masse sur la Solde des compagnies.

qui eſt de treize livres; & de quatre livres dix ſols auſſi par homme par mois, lorſque le régiment ſera à la paye de guerre, qui eſt de quatorze livres dix ſols par homme par mois, non compris les payes de gratification qui doivent être remiſes au Capitaine ſans aucune déduction.

Paye de guerre. Entend Sa Majeſté que ce régiment continue à recevoir la paye de guerre, conformément à l'ordonnance particulière qu'Elle a fait expédier à ce ſujet le 30 juin 1757, juſqu'à ce qu'Elle en ordonne autrement, ſur le pied de quatorze livres dix ſols par homme par mois, & pour chacune des ſeize payes de gratification attribuées au Capitaine.

ROYAL-ITALIEN & ROYAL-CORSE. LES régimens Royal-Italien & Royal-Corſe, compoſés chacun de ſix cens quatre-vingt-cinq hommes en neuf compagnies, dont une de quarante-cinq Grenadiers, & huit de Fuſiliers de quatre-vingts hommes, ſeront payés, ſavoir;

Compagnie de Grenadiers. La compagnie de Grenadiers, compoſée d'un Capitaine, un Lieutenant, un Lieutenant en ſecond, trois Sergens, trois Caporaux, cinq Anſpeſſades, trente-trois Grenadiers & un Tambour, à raiſon de ſix livres treize ſols quatre deniers par jour au Capitaine, dont treize ſols quatre deniers de ſupplément; trois livres ſix ſols huit deniers au Lieutenant, y compris deux ſols huit deniers de ſupplément; deux livres au Lieutenant en ſecond, dix-neuf ſols au premier Sergent, quinze ſols à chacun des deux autres, dix ſols dix deniers à chaque Caporal, neuf ſols cinq deniers à chaque Anſpeſſade, huit ſols à chaque Grenadier, & neuf ſols cinq deniers au Tambour. Le Capitaine recevra de plus huit payes de gratification de huit ſols chacune, dont deux de ſupplément, ſa compagnie étant complète de quarante-cinq hommes, & rien au deſſous dudit nombre.

Les huit compagnies de Fuſiliers de chacun de ces deux régimens, feront payées, ſavoir; *Compagnies de Fuſiliers.*

Chacun des deux Capitaines des deux premières compagnies, ſur le pied par jour, de cinq livres ſeize ſols huit deniers, dont ſeize ſols huit deniers de ſupplément.

Chacun des Capitaines des deux compagnies qui ſuivent par leur rang, ſur le pied par jour, de cinq livres ſix ſols huit deniers, dont ſix ſols huit deniers de ſupplément.

Et chacun des Capitaines des quatre dernières compagnies, ſur le pied de cinq livres par jour.

Quant aux autres Officiers deſdites compagnies de Fuſiliers, ils feront payés ſur le pied par jour, de trois livres ſix ſols huit deniers au Capitaine en ſecond, dont ſix ſols huit deniers de ſupplément; deux livres ſix ſols huit deniers au Lieutenant, dont ſix ſols huit deniers de ſupplément; trente-trois ſols quatre deniers au Lieutenant en ſecond, dont trois ſols quatre deniers de ſupplément; dix-huit ſols au premier Sergent, quatorze ſols à chacun des quatre autres, neuf ſols dix deniers à chacun des cinq Caporaux, huit ſols cinq deniers à chacun des ſept Anſpeſſades, ſept ſols ſix deniers à chacun des quinze Appointés, ſept ſols à chacun des quarante-ſix Fuſiliers, & huit ſols cinq deniers à chacun des deux Tambours.

Le Capitaine en pied recevra en outre douze payes *Payes de gratification.* de gratification de ſept ſols chacune, dont deux de ſupplément, ſa compagnie étant complète de quatre-vingts hommes, huit à ſoixante-dix-huit, ſix à ſoixante-dix-ſept, quatre à soixante-seize, deux à soixante-quinze, & rien au dessous dudit nombre de soixante-quinze hommes.

États-majors de Royal-Italien & de Royal-Corse. L'État-major de chacun des régimens Royal-Italien & Royal-Corse, sera payé sur le pied par jour, de trente livres au Colonel, douze livres au Lieutenant-colonel, tant pour leurs appointemens en leurdite qualité, qu'en celle de Capitaine, ne devant point avoir de compagnie, dix livres au Major, cinq livres à l'Interprète, quatre livres à l'Aide-major, trente sols au Maréchal-des-logis, quarante sols à l'Aumônier, quinze sols au Chirurgien, dix sols au Tambour-major, deux livres au Prevôt, vingt sols à son Lieutenant, douze sols six deniers au Greffier, & huit sols quatre deniers à chacun des cinq Archers & à l'Exécuteur de Justice.

Colonel en second de Royal-Corse. Le Colonel en second du régiment Royal-Corse, sera payé sur le pied de cent soixante-six livres treize sols quatre deniers par mois, en passant présent aux revûes des Commissaires des guerres.

Officiers réformés de Royal-Italien. Les deux derniers Capitaines qui, par la nouvelle composition du régiment Royal-Italien, se sont trouvés sans compagnie, & ont été attachés aux premières compagnies de Fusiliers pour y tenir lieu de Capitaine en second, continueront de recevoir chacun les cinq livres d'appointemens par jour dont ils jouissoient, & ce en attendant leur remplacement aux premières compagnies vacantes dans ledit régiment, auxquelles Sa Majesté veut qu'ils soient nommés suivant leur rang, & de préférence aux autres Capitaines réformés.

Ceux des Capitaines en second ou réformés, attachés actuellement au régiment Royal-Italien, qui se trouvent d'excédant au nombre de huit Capitaines en second,

réglé

réglé par l'ordonnance du 29 janvier 1757, & qui remplissent la troisième place d'Officier aux compagnies de Fusiliers, sous le titre de second Capitaine en second, continueront de recevoir les trois livres d'appointemens chacun par jour; l'intention de Sa Majesté n'étant point qu'ils participent à l'augmentation d'appointemens qu'Elle a réglée aux Capitaines en second, ces places de seconds Capitaines en second ne seront remplies, à mesure qu'elles deviendront vacantes, que par des Lieutenans aux appointemens de quarante-six sols huit deniers.

Les Commandans des second & troisième bataillons réformés dudit régiment Royal-Italien, qui ont passé avec leurs compagnies dans le bataillon resté sur pied, en conservant le titre & le rang de Commandant de bataillon, continueront de jouir, indépendamment de leurs appointemens de Capitaine, des quarante sols qu'ils avoient chacun par jour en ladite qualité de Commandant de bataillon, jusqu'à ce qu'ils soient nommés à une charge dont les appointemens ne seront pas inférieurs. *Commandans des second & troisième bataillons réformés de Royal-Italien.*

Les Colonels & Lieutenans-colonels réformés à la suite des régimens Royal-Italien & Royal-Corse, seront payés des appointemens qui leur ont été réglés, en passant présens aux revûes, sur le pied par mois, de cent livres au Colonel, & de quatre-vingt-trois livres six sols huit deniers au Lieutenant-colonel; à l'exception cependant des Colonels & Lieutenans-colonels, auxquels il a été réglé des appointemens différens, dont ils continueront de jouir en conséquence des ordres particuliers qui leur ont été expédiés; soixante livres à chaque Capitaine, & trente livres à chaque Lieutenant. *Officiers réformés de Royal-Italien & Royal-Corse.*

K

Entend Sa Majesté que la retenue qui doit être faite de l'excédant de solde, pour tenir lieu de Masse & servir à l'habillement, équipement, linge & chaussure des Sergens, Caporaux, Anspessades, Grenadiers, Fusiliers & Tambours des régimens Royal-Italien & Royal-Corse, reste entre les mains des Majors pour être remise aux Capitaines qui seront chargés à l'avenir dudit entretien, & le fonds de ladite retenue ne leur sera délivré qu'après que l'Inspecteur général aura constaté les réparations nécessaires à leur troupe.

LES régimens d'Infanterie Irlandoise de Bulkeley, Clare, Dillon, Rothe & Berwick; & ceux d'Infanterie Écossoise de Royal-Écossois & d'Ogilvy, composés chacun d'un bataillon de sept cens cinq hommes, en treize compagnies, dont une de Grenadiers de quarante-cinq hommes, & douze de Fusiliers de cinquante-cinq hommes chacune, seront payés, savoir;

La compagnie de Grenadiers, sur le pied par jour, de six livres treize sols quatre deniers au Capitaine, dont treize sols quatre deniers de supplément; quatre livres au Capitaine en second, dont treize sols quatre deniers de supplément; trois livres dix sols au Lieutenant, trente-six sols huit deniers au Lieutenant en second, dont six sols huit deniers de supplément; vingt sols au premier Sergent, seize sols au second, onze sols six deniers à chacun des trois Caporaux, dix sols six deniers à chacun des trois Anspessades, & neuf sols six deniers à chacun des trente-six Grenadiers & au Tambour. Le Capitaine recevra de plus cinq payes de gratification de neuf sols six deniers chacune, dont deux de supplément, sa compagnie étant complète de quarante-cinq hommes, &

rien au deſſous dudit nombre de quarante-trois hommes.

Les douze compagnies de Fuſiliers de chacun deſdits régimens, ſeront payées, ſavoir;

Aux trois Capitaines des trois premières compagnies, ſur le pied par jour, de cinq livres ſeize ſols huit deniers, dont ſeize ſols huit deniers de ſupplément.   . *Compagnies de Fuſiliers.*

Chacun des Capitaines des trois compagnies qui ſuivent par leur rang, ſur le pied par jour, de cinq livres ſix ſols huit deniers, dont ſix ſols huit deniers de ſupplément.

Et chacun des Capitaines des ſix dernières compagnies, ſur le pied par jour, de cinq livres.

Quant aux autres Officiers deſdites compagnies, ils ſeront payés ſur le pied par jour, de trois livres ſix ſols huit deniers au Capitaine en ſecond, quarante-ſix ſols huit deniers au Lieutenant, dont un ſol huit deniers de ſupplément; trente-trois ſols quatre deniers au Lieutenant en ſecond, dont trois ſols quatre deniers de ſupplément; dix-neuf ſols au premier Sergent, quinze ſols à chacun des deux autres, dix ſols ſix deniers à chacun des quatre Caporaux, neuf ſols ſix deniers à chacun des quatre Anſpeſſades, & huit ſols ſix deniers à chacun des quarante-trois Fuſiliers & au Tambour. Le Capitaine recevra de plus ſept payes de gratification de huit ſols ſix deniers chacune, dont deux de ſupplément, ſa compagnie étant complète de cinquante-cinq hommes, quatre à cinquante-quatre, trois à cinquante-trois, une à cinquante-deux, & rien au deſſous dudit nombre de cinquante-deux hommes.

Chacun des deux Enſeignes, pour porter les deux drapeaux qu'il y a dans chaque régiment, recevra ſes appointemens à raiſon de trente-ſix ſols par jour. *Enſeignes.*

K ij

Étais-majors
des régimens de
Bulkeley, Clare,
Dillon, Rothe,
Berwick, Royal-
Écossois &
Ogilvy.

L'État-major de chacun desdits régimens de Bulkeley, Clare, Dillon, Rothe, Berwick, Royal-Écossois & Ogilvy, sera payé sur le pied par jour, de dix-huit livres six sols huit deniers au Colonel, tant pour ses appointemens en ladite qualité, que pour lui tenir lieu de ceux de Capitaine, ne devant point avoir de compagnie, dans lesquels appointemens est compris un supplément de cinq livres seize sols huit deniers aux Colonels des régimens de Rothe & de Berwick ; onze livres dix-sept sols neuf deniers un tiers au Lieutenant-colonel de chacun desdits sept régimens, aussi sans compagnie, dont quatre livres douze sols neuf deniers un tiers à titre d'augmentation de traitement, indépendamment de la gratification attachée à sa charge, dont il continuera de jouir; huit livres six sols huit deniers au Major, dont trente-trois sols quatre deniers de supplément; trois livres six sols huit deniers à l'Aide-major, y compris six sols huit deniers de supplément; quarante sols à l'Aumônier, trente sols à chacun des Chirurgien & Maréchal-des-logis, cinq livres à l'Interprète de chacun desdits régimens, & pareilles cinq livres au second Interprète attaché au régiment Royal-Écossois par l'article III de l'ordonnance du 20 décembre 1748, concernant l'incorporation du régiment d'Albanie.

La Prevôté qui est en chacun desdits régimens de Rothe & de Berwick, sera payée sur le pied par jour, de vingt-six sols huit deniers au Prevôt, treize sols quatre deniers à son Lieutenant, huit sols quatre deniers au Greffier, cinq sols à chacun des cinq Archers & à l'Exécuteur de justice.

Le Colonel de chacun des régimens de Bulkeley, Clare, Dillon, Royal-Écossois & d'Ogilvy, continuera de jouir de la penfion de quatre mille fept cens livres par an, attachée à fa charge; & celui de chacun des régimens de Rothe & Berwick, continuera auffi de jouir de la penfion de mille livres par an attachée à fa charge, au moyen de quoi lefdits Colonels ne pourront rien retenir fur la folde & la Maffe des Sergens, Caporaux, Anfpeffades, Grenadiers, Soldats & Tambours, qui doivent recevoir leur paye entière, à la déduction feulement de ce qui fera mis à la Maffe pour leur habillement.

Sa Majefté ayant bien voulu permettre qu'il foit entre-tenu douze Cadets dans chacun defdits régimens Irlan-dois & Écoffois, qui tiendront lieu de pareil nombre de Soldats, fon intention eft que lefdits Cadets reçoivent chacun un fupplément de paye de quatre fols fix deniers par jour, à compter de celui qu'ils pafferont préfens aux revûes des Commiffaires des guerres. *Cadets.*

Les Officiers réformés entretenus à la fuite defdits régimens Irlandois & Écoffois, y feront payés, en paffant préfens aux revûes, fur le pied par mois, de cent livres à chaque Colonel, quatre-vingt-trois livres fix fols huit deniers à chaque Lieutenant-colonel, foixante-fix livres treize fols quatre deniers à chaque Capitaine, & trente livres à chaque Lieutenant, indépendamment de ceux defdits Officiers réformés qui fe trouveront encore employés à la fuite des régimens Royal-Écoffois & d'Ogilvy, provenant de l'incorporation qui y a été faite de celui d'Albanie, lefquels feront payés en paffant préfens aux revûes fur le pied réglé par les ordonnan-ces des 20 décembre 1748 & premier février 1751, favoir; de cent cinquante livres par mois au Lieu-tenant-colonel, cent trente-cinq livres au Capitaine *Officiers réfor-més à la fuite des régimens Irlan-dois & Écoffois.*

de Grenadiers, cent cinq livres à chaque Capitaine & au Major, quatre-vingt-deux livres dix fols à chaque Capitaine en fecond, quatre-vingt-dix livres au Lieutenant de Grenadiers, cinquante-deux livres dix fols à chaque Lieutenant, y compris l'Aide-major, & de quarante-cinq livres à chaque Lieutenant en fecond réformé : A l'égard des Colonels & Lieutenans-colonels auxquels il auroit été réglé des appointemens différens de ceux ci-deffus fixés, ils continueront d'en jouir, en conféquence des ordres particuliers qui leur ont été expédiés.

X I I.

VEUT Sa Majefté, par rapport aux gradations établies par la préfente ordonnance pour la fixation des appointemens des Capitaines, que chaque compagnie foit placée dans les bataillons des différens corps, fuivant le rang qu'elle y doit tenir par l'ancienneté du Capitaine. Ordonne Sa Majefté aux Commandans des corps, de tenir la main à ce que cette difpofition foit exactement remplie lors des mutations qui pourront arriver dans leurs régimens; en forte qu'à chaque revûe que les Commiffaires des guerres en feront, toutes les compagnies fe trouvent placées à leur rang.

OUTILS en chaque compagnie d'Infanterie françoife & étrangère.

VEUT Sa Majefté qu'il y ait toûjours en chaque compagnie de fon Infanterie françoife & étrangère, dix outils propres à remuer la terre, que les Soldats de chaque chambrée porteront tour à tour avec leurs armes.

INGÉNIEURS.

Les Ingénieurs auxquels Sa Majefté a accordé des réformes, feront payés par le Tréforier général de l'Artillerie & du Génie, ou par fes Commis, dans les places de leur réfidence, en vertu des reliefs qui leur feront expédiés de fix en fix mois, fur le pied de neuf cens livres par an à chaque Colonel, sept cens livres à chaque Lieutenant-colonel, quatre cens cinquante livres à chaque Capitaine, & deux cens quarante livres à chaque Lieutenant.

A l'égard des Ingénieurs retirés du service, auxquels Sa Majesté a bien voulu en se retirant conserver les réformes dont ils jouissoient, ils continueront d'être payés de six en six mois aux lieux qu'ils ont choisis pour leur résidence, par les Commis de l'Extraordinaire des guerres, en vertu des reliefs qui leur seront expédiés.

Sa Majesté trouve bon que les seize deniers par jour, accordés à chaque Sergent, & les huit deniers à chaque Caporal, Anspessade, Grenadier, Soldat & Tambour de son Infanterie françoise, pour s'entretenir de linge & de chaussure, leur soit continué pendant les marches dans les lieux où l'étape sera fournie, même aux trois cens quarante surnuméraires que Sa Majesté a bien voulu entretenir dans son régiment d'Infanterie, sur le pied de cinq en chacune des soixante-huit compagnies dont il est composé; & il sera payé un supplément de solde au Corps de l'Artillerie, & aux troupes d'Infanterie étrangère, sur le pied ci-après réglé, article XVII de la présente ordonnance.

X I I I.

G E N D A R M E R I E.

LES Officiers des quatre compagnies des Gardes-du-corps du Roi, servant à la Cornette, seront payés, à commencer du premier janvier de la présente année, sur le pied, par jour, pour chaque compagnie, de six livres à chacun des trois Lieutenans, cinq livres à chacun des trois Enseignes, six livres cinq sols à l'Aide-major,

dont vingt fols de fupplément d'appointemens, & quarante-cinq fols pour tenir lieu de trois rations de fourrage par jour, à quinze fols chacune; cinq livres dix
fols à chacun des treize Exempts, y compris le Sous-
aide-major, établi par ordonnance du 9 juin 1745, dont
vingt fols de fupplément d'appointemens, & trente fols
pour tenir lieu de deux rations de fourrage par jour à
quinze fols chacune; trois livres à chacun des neuf Brigadiers, dont vingt fols de fupplément; cinquante-cinq fols
à chacun des neuf Sous-brigadiers, dont vingt fols de
fupplément; cinquante-deux fols à chacun des deux cens
quatre-vingt Gardes de la compagnie Écoffoife, & à
chacun des deux cens quatre-vingt-deux Gardes de chacune des trois autres, dont dix-neuf fols de fupplément;
trente - trois fols à chacun des fix Trompettes & au
Timbalier, quarante fols à l'Aumônier, & vingt fols au
Chirurgien.

Veut Sa Majefté que les retenues qu'il eft d'ufage de
faire fur la paye des Brigadiers, Sous-brigadiers, Porte-
étendards, Gardes, Trompettes & Timbaliers, demeurent
fixées, ainfi qu'elles l'étoient par le paffé, en obfervant
toûjours que dans le nombre de ces retenues, il continuera d'en exifter une de neuf fols pour chaque ration
de fourrage qui leur feront fournies, & que la totalité des
retenues fur la paye du Garde, n'excédera point la fomme
de vingt-huit livres par mois, afin qu'il ait de net cinquante livres de paye auffi par mois.

Grenadiers à cheval. La compagnie des Grenadiers à cheval de Sa Majefté,
compofée de cent trente Grenadiers & quatre Tambours,
fera payée, à commencer du premier janvier de la
préfente année, fur le pied par jour, de dix livres au
Capitaine-

Capitaine-lieutenant, sept livres cinq sols à chacun des trois Lieutenans, dont vingt-cinq sols de supplément; cinq livres à chacun des quatre Sous-lieutenans, y compris l'Aide-major, établi par ordonnance particulière du 29 juillet 1755, dont vingt sols de supplément; trois livres quinze sols à chacun des trois Maréchaux-des-logis, dont quinze sols de supplément; quarante-cinq sols à chacun des six Sergens, dont cinq sols de supplément; trente-six sols à chacun des trois Brigadiers, dont cinq sols de supplément; trente-un sols à chacun des six Sous-brigadiers, dont cinq sols de supplément; vingt-neuf sols à chacun des six Appointés, & un Porte-étendard, dont cinq sols de supplément; vingt-six sols à chacun des cent huit Grenadiers & quatre Tambours, dont cinq sols de supplément; & quarante sols à l'Aumônier établi en ladite compagnie, par ordonnance particulière du 9 février 1734.

L'intention de Sa Majesté est qu'il soit délivré à chacun des trois Lieutenans, quatre Sous-lieutenans, y compris l'Aide-major & trois Maréchaux-des-logis, une ration de fourrage par jour, en nature ou en argent, au prix fixé pour les chevaux des Grenadiers, lorsque la compagnie aura la disposition des fourrages, pour leur donner moyen d'entretenir un cheval de monture, en observant que dans le cas que ladite compagnie serviroit dans les armées, & que les Officiers auroient du fourrage, la ration ci-dessus ne produira aucune augmentation sur le nombre de rations attribuées à chacun suivant son grade.

Les grands Officiers des compagnies de Gendarmes & des Chevaux-légers de la garde du Roi, & les cinquante Gendarmes & cinquante Chevaux-légers, deux Trompettes & un Timbalier de chaque compagnie, servant par

L

quartier près Sa Majesté, continueront à être payés suivant les états & ordres qui seront expédiés à cet effet.

Il sera payé trente sols par jour à chacun des six Brigadiers, six Sous-brigadiers, cent trente-huit Gendarmes & Chevaux-légers, & deux Trompettes, de chacune desdites deux compagnies servant à la Cornette; & vingt sols à chacun des sept petits Officiers, aussi de chaque compagnie, savoir, un Aumônier, deux Fourriers, deux Chirurgiens, un Sellier & un Maréchal-ferrant.

Mousque-taires de la garde du Roi. Chacune des deux compagnies de Mousquetaires de la garde du Roi, sera payée à raison de trente livres par jour au Capitaine-lieutenant, qui est vingt livres pour les appointemens de Capitaine, & dix livres pour ceux de Lieutenant; six livres treize sols quatre deniers à chacun des deux Sous-lieutenans, cinq livres à chacun des deux Enseignes & deux Cornettes; cinquante sols à chacun des dix Maréchaux-des-logis, quarante-deux sols à chacun des quatre Brigadiers, quarante sols à chacun des dix-huit Sous-brigadiers & cent soixante-dix-huit Mousquetaires, cinquante sols à chacun des quatre Hautbois, & trente sols à chacun des six Tambours & des six petits Officiers, savoir, un Aumônier, un Chirurgien, un Apothicaire, un Fourrier, un Sellier & un Maréchal-ferrant.

Gendarmerie. Compagnies de Gendarmes. Les grands Officiers des dix compagnies de Gendarmes de la Gendarmerie, continueront d'être payés suivant les états que Sa Majesté fera expédier; & les Maréchaux-des-logis, Brigadiers, Sous-brigadiers, Porte-étendards, Gendarmes, Trompettes & Timbaliers, sur le même pied de ceux des compagnies de Chevaux-légers, ainsi qu'il sera ci-après expliqué.

Compagnies de Chevaux-légers. Chacune des six compagnies de Chevaux-légers de ladite Gendarmerie, composée d'un Capitaine-lieutenant, un Sous-lieutenant, deux Cornettes, quatre Maréchaux-des-logis, deux Brigadiers, deux Sous-brigadiers, un Porte-étendard, soixante-dix Chevaux-légers ou Gendarmes, au moyen des vingt-sept ordonnés le 25 décembre 1756, d'augmentation en chaque compagnie, & deux Trompettes, sera payée à raison par jour, de neuf livres au Capitaine-lieutenant, dont six livres en qualité de Capitaine, & trois livres en celle de Lieutenant ; trois livres au Sous-lieutenant ; quarante-cinq sols à chaque Cornette, cinquante sols à chaque Maréchal-des-logis, dont quatre sols de supplément ; vingt-six sols six deniers à chaque Brigadier & Sous-brigadier, dix-huit sols quatre deniers au Porte-étendard, quinze sols à chaque Chevau-léger ou Gendarme, & vingt-deux sols à chaque Trompette.

Il sera payé vingt-deux sols par jour à chacun des huit Timbaliers entretenus dans les huit premières compagnies, & trente sols à chacun des deux Aumôniers de ladite Gendarmerie.

Sa Majesté ayant bien voulu accorder un supplément de paye de deux sols deux deniers par jour, pour tenir lieu de Masse, à chaque Gendarme & Chevau-léger seulement, des seize compagnies de la Gendarmerie, son intention est qu'ils en jouissent, à commencer du premier janvier de la présente année, indépendamment des quinze sols par jour qui sont réglés ci-dessus à chacun desdits Gendarmes & Chevaux-légers. *Supplément de paye aux Gendarmes & Chevaux-légers, pour tenir lieu de Masse.*

Sa Majesté voulant aussi qu'il soit établi une pension attachée à l'état de Brigadier & Sous-brigadier, ainsi qu'aux deux plus anciens Gendarmes, en chacune des brigades des seize compagnies de la Gendarmerie, son *Pensions aux Brigadiers, Sous-brigadiers, & à chacun des deux plus anciens* intention eſt que le payement en ſoit fait, en vertu des ordres particuliers qu'Elle fera expédier à cet effet, ſur le pied par an, de cent livres à chaque Brigadier, de ſoixante-quinze livres à chaque Sous-brigadier, & de cinquante livres à chacun des deux plus anciens Gendarmes ou Chevaux-légers par brigade.

État-major de la Gendarmerie. Les Officiers de l'État-major de ladite Gendarmerie, étant payés de leurs appointemens à l'Ordinaire des guerres, il n'en ſera point fait ici mention.

XIV.

CAVALERIE, CARABINIERS, HUSSARDS

ET DRAGONS.

CAVALERIE FRANÇOISE. Les quatre cens quarante-quatre compagnies qui compoſent les cent onze eſcadrons des cinquante-cinq régimens de Cavalerie françoiſe, chaque eſcadron de quatre compagnies de quarante Maîtres, au moyen des dix hommes dont elles ont été augmentées par ordonnance du premier décembre 1755, ſeront payées chacune ſur le pied par jour, de cinq livres au Capitaine, cinquante ſols au Lieutenant, trente-ſept ſols ſix deniers au Cornette, vingt-ſix ſols huit deniers au Maréchal-des-logis, douze ſols au Fourrier, huit ſols à chacun des deux Brigadiers, & ſept ſols à chacun des trente-ſept Cavaliers, y compris le Trompette & le Timbalier où il doit y en avoir.

Sous-lieutenans & Cornettes en charge dans les régimens Colonel-général, Meſtre-de-camp Le Sous-lieutenant qui eſt dans la compagnie Colonelle du Colonel général de la Cavalerie, le Cornette-blanc qui eſt dans ladite compagnie, & le Cornette qui eſt en chacune des compagnies Meſtre-de-camp des régimens du Meſtre-de-camp général & du Commiſſaire

général de la Cavalerie, recevront, favoir, le Sous-lieu-
tenant cinquante fols par jour, le Cornette-blanc &
chacun des deux autres, trente-fept fols fix deniers, auffi
par jour.

Sa Majefté ayant confervé par fes ordonnances des
premier feptembre & 30 octobre 1748, les compagnies
aux Meftres-de-camp des régimens Colonel, Meftre-de-
camp & Commiffaire général ; l'État-major de chacun
defdits trois régimens fera payé fur le pied par jour, favoir,
de quarante-quatre fols cinq deniers au Meftre-de-camp,
dont il jouira à commencer du premier novembre 1757,
fuivant l'ufage en temps de guerre, indépendamment de
fes appointemens de Capitaine ; le Lieutenant-colonel,
qui ne doit point avoir de compagnie dans le régiment,
recevra fix livres fix fols huit deniers d'appointemens, &
cinq livres à titre d'augmentation de traitement ; fix livres
au Major, dont vingt fols de fupplément ; & trois livres
à l'Aide-major, dont dix fols de fupplément ; trente fols
à l'Aumônier, & treize fols fix deniers au Chirurgien.

L'État-major de chacun des cinquante-deux autres
régimens de Cavalerie françoife, fera payé fur le pied
par jour, de fix livres treize fols quatre deniers au
Meftre-de-camp, qui ne doit point avoir de compagnie ;
le Lieutenant-colonel qui ne doit point auffi avoir de
compagnie dans le régiment, le Major, l'Aide-major,
l'Aumônier & le Chirurgien, recevront les mêmes appointemens ci-deffus réglés pour ceux des mêmes grades
des régimens du Colonel, Meftre-de-camp & Commiffaire général.

Les Capitaines réformés de Cavalerie françoife, qui
ont été entretenus à la fuite des régimens en conféquence

des ordonnances des premier septembre, 30 octobre 1748 & 15 mars 1749, lesquels sont obligés de servir à leur corps toute l'année, au lieu des quatre mois auxquels ils étoient ci‑devant assujétis, continueront de recevoir le même traitement dont ont joui les Capitaines réformés, durant la guerre, qui est de quatre-vingt-dix livres par mois, en passant présens aux revûes des Commissaires des guerres.

Capitaines réformés de Cavalerie Françoise, ancienne réforme.

Les Capitaines réformés qui étoient entretenus à la suite des régimens de Cavalerie françoise avant les ordonnances de réforme de 1748 & 1749, & qui se trouveront encore y exister, continueront aussi d'être payés de leurs appointemens, sur le même pied qu'ils les recevoient pendant la guerre, qui est de quatre-vingt-dix livres par mois, en servant toute l'année à leur corps, & passant présens aux revûes des Commissaires des guerres.

Lieutenans réformés de Cavalerie françoise, ci‑devant en pied.

Les Lieutenans en pied, compris dans les dernières réformes de 1748 & 1749, auxquels il a été alors accordé des appointemens chez eux, par rapport à l'ancienneté de leurs services, & qui ont été choisis pour remplir les places de Cornettes établis dans les régimens de Cavalerie françoise par les ordonnances des 8 septembre 1756 & 5 janvier 1757, & pourvûs de cette place de troisième Officier, sous le titre de Lieutenant en second, continueront de recevoir leurs appointemens de réforme, indépendamment de ceux attribués ci-dessus au grade de Cornette, & desquels appointemens de réforme ils cesseront de jouir du jour qu'ils seront remplacés à des Lieutenances en pied.

Cornettes réformés qui ont été Maréchaux-des-logis.

Les Cornettes réformés qui ont été Maréchaux-des-logis, & qui se sont trouvés entretenus à la suite desdits régimens de Cavalerie françoise, en qualité de Lieutenans réformés, & depuis nommés auxdites places de Cornettes ordonnés lefdits jours 8 feptembre 1756 & 5 janvier 1757, jouiront des appointemens de trente-fept fols fix deniers par jour qui y font attachés; au moyen de quoi ceux de trois cens livres par an qu'ils recevoient comme Lieutenans réformés, feront fupprimés du jour qu'ils ont été nommés auxdites places de Cornettes en pied; voulant Sa Majefté que ceux defdits Lieutenans réformés qui ne fe feront pas préfentés pour lefdites places, ou qui n'auront pas été jugés capables d'y être nommés, ceffent de jouir de leurs appointemens de réforme, & que cette règle foit fuivie pareillement pour lefdites places qui viendront à vaquer dans les régimens où elles ont été établies par lefdites ordonnances des 8 feptembre 1756 & 5 janvier 1757.

CHACUNE des quarante compagnies qui compofent les cinq brigades du régiment des Carabiniers de M. le Comte de Provence, compofée de trente-cinq Maîtres chacune, fera payée fur le pied par jour, de fix livres au Capitaine, trois livres au Lieutenant, quarante-cinq fols au Cornette établi en chaque compagnie par ordonnances des 8 feptembre 1756 & 5 janvier 1757, trente fols au Maréchal-des-logis, treize fols fix deniers au Fourrier, neuf fols à chacun des deux Brigadiers, & huit fols à chacun des trente-deux Carabiniers, compris le Trompette & le Timbalier qui eft en chacune des cinq compagnies Meftre-de-camp.

RÉGIMENT des CARABINIERS de M. LE COMTE de PROVENCE. Compagnies.

L'État-major dudit régiment fera payé fur le pied par jour, de cinquante-cinq livres onze fols un denier un tiers au Meftre-de-camp-lieutenant, dont trente-trois

État-major.

livres fix fols huit deniers en ladite qualité de Meftre-de-camp, & vingt-deux livres quatre fols cinq deniers un tiers en celle d'Infpecteur dudit Corps; & feize livres treize fols quatre deniers au Major.

A l'égard de l'État-major des cinq brigades, il fera payé fur le pied par jour, de cinquante-un fols dix deniers au Meftre-de-camp, trente-huit fols dix deniers au Lieutenant-colonel, outre leurs appointemens de Capitaine; cinq livres à l'Aide-major, trois livres au Sous-aide-major, trente fols à l'Aumônier, & feize fols deux deniers au Chirurgien,

Appointemens conservés aux anciens Majors de Brigades.

Sa Majefté ayant fupprimé par fon ordonnance du 13 mai 1758, la Majorité particulière de chaque brigade, & ordonné que les Officiers qui en étoient pourvûs pafferoient à des compagnies; fon intention eft qu'ils jouiffent de fept livres d'appointemens par jour, jufqu'à leur remplacement.

RÉGIMENT de CAVALERIE IRLANDOISE de FILTZJAMES.

Compagnies.

CHACUNE des huit compagnies du régiment de Cavalerie Irlandoife de Filtzjames, portée à quarante Maîtres par ordonnance du premier décembre 1755, fera payée fur le pied par jour, de cinq livres au Capitaine, cinquante fols au Lieutenant, trente-fept fols fix deniers au Cornette établi en chaque compagnie par ordonnance du 5 janvier 1757, vingt-fix fols huit deniers au Maréchal-des-logis, douze fols au Fourrier, dix fols à chacun des deux Brigadiers, & neuf fols à chacun des trente-fept Cavaliers, compris le Trompette & le Timbalier où il doit y en avoir.

État-major.

L'État-major fera payé à raifon par jour, favoir; de fix livres treize fols quatre deniers au Meftre-de-camp; au Lieutenant-colonel, fix livres fix fols huit deniers d'appointemens, d'appointemens, & cinq livres à titre d'augmentation de traitement: lefquels Meftre-de-camp & Lieutenant-colonel ne doivent point avoir de compagnie, en conféquence de ce qui eft réglé par l'ordonnance du 5 avril 1749; fix livres au Major, dont vingt fols de fupplément; trois livres à l'Aide-major, dont dix fols de fupplément; trente fols à l'Aumônier, & treize fols fix deniers au Chirurgien.

Les Capitaines qui fe font trouvés dans le cas de la réforme ordonnée dans ledit régiment de Filtzjames le 15 mars 1749, à la fuite duquel ils ont été entretenus, continueront d'y fervir toute l'année, au lieu des quatre mois auxquels ils étoient ci-devant affujétis; voulant Sa Majefté qu'ils reçoivent le même traitement dont ont joui les Capitaines réformés dudit régiment durant la guerre, qui eft de cent vingt livres chacun par mois, en paffant préfens aux revûes des Commiffaires des guerres. *Officiers réformés du régiment de Filtzjames. Dernières réformes.*

Les Capitaines réformés qui étoient entretenus à la fuite dudit régiment avant la réforme ordonnée les 30 octobre 1748 & 15 mars 1749, & qui fe trouveront encore y exifter, feront pareillement tenus d'y fervir toute l'année, au lieu des quatre mois auxquels ils étoient auffi affujétis, & feront payés de leurs appointemens fur le même pied qu'ils en jouiffoient pendant la guerre, qui eft de cent vingt livres chacun par mois, en paffant préfens aux revûes des Commiffaires des guerres. *Anciennes réformes.*

Sa Majefté ayant bien voulu rétablir les appointemens des Meftres-de-camp & Lieutenans-colonels entretenus à la fuite dudit régiment, qui ferviront dans fes armées, fur le même pied qu'ils étoient pendant la dernière guerre, Elle ordonne qu'ils reçoivent, à commencer du premier janvier de la préfente année, favoir, les Meftres- *Meftres-de-camp & Lieutenans-colonels réformés à la fuite du régiment de Filtzjames.*

M

de-camp, cent quatre-vingt-trois livres sept sols six deniers d'appointemens par mois, & les Lieutenans-colonels, cent vingt-cinq livres aussi d'appointemens par mois; à l'exception cependant des Mestres-de-camp & Lieutenans-colonels, auxquels il auroit été réglé des appointemens différens, dont ils continueront de jouir, en conséquence des ordres particuliers qui leur ont été expédiés.

Lieutenans ré-formés ci-devant en pied. Les Lieutenans en pied, qui ont été compris dans la réforme ordonnée le 15 mars 1749, dans ledit régiment de Filtzjames, auxquels il a été accordé des appointemens de réforme par rapport à l'ancienneté de leurs services, & qui auront été choisis pour remplir des places de Cornettes ordonnés dans ledit régiment le 5 janvier 1757, pour en être pourvûs sous le titre de Lieutenant en second, conserveront leursdits appointemens de réforme, indépendamment de ceux de trente-sept sols six deniers par jour, attribués à chacun desdits Cornettes; & ce seulement jusqu'à ce qu'ils soient remplacés Lieutenans en pied, & alors leursdits appointemens de réforme seront éteints.

Cornettes réfor-més qui avoient été Maréchaux-des-logis dans Filtzjames. Les Cornettes réformés par ordonnance du 30 octobre 1748, qui avoient été Maréchaux-des-logis, & ont été entretenus à la suite du régiment en qualité de Lieutenans réformés, & qui auront été remplacés auxdites places de Cornettes ordonnés le 5 janvier 1757, jouiront seulement des appointemens de trente-sept sols six deniers par jour qui y sont attachés; au moyen de quoi ceux de trois cens livres par an, qu'ils recevoient comme Lieutenans réformés, demeureront supprimés du jour de leur nomination auxdites places de Cornettes. Veut Sa Majesté que ceux

defdits Lieutenans réformés, qui ne fe feront pas préfentés pour lefdites places, ou qui n'auront pas été jugés
capables d'y être nommés, ceffent de jouir de leurs appointemens de réforme, ainfi qu'il eft dit à l'article de la
Cavalerie françoife.

CHACUNE des huit compagnies du régiment Royal-
Allemand, portées par ordonnance du premier décembre
1755, à quarante Maîtres, par une augmentation de dix
hommes en chaque compagnie, fera payée fur le pied
par jour, de fix livres au Capitaine, trois livres au Lieutenant, quarante-cinq fols au Cornette établi en chaque
compagnie par ordonnance du 8 feptembre 1756, trente
fols au Maréchal-des-logis, douze fols au Fourrier, neuf
fols à chacun des deux Brigadiers, & fept fols à chacun
des trente-fept Cavaliers, y compris les Cadets, Trompettes & Timbalier où il doit y en avoir.

Il fera en outre payé un fol par jour à chaque Cadet
qui paffera en revûe dans le nombre defdits Cavaliers, fur
le certificat du Commandant du régiment.

L'État-major du régiment, fera payé à raifon par jour,
de fix livres treize fols quatre deniers au Meftre-de-camp,
& cinq livres à chacun des deux Lieutenans-colonels,
indépendamment de leurs appointemens de Capitaine;
huit livres fix fols huit deniers à chacun des deux Majors,
trois livres à chacun des deux Aides-majors, dont fix fols
huit deniers de fupplément; vingt-fix fols huit deniers au
Maréchal-des-logis, trente-trois fols quatre deniers au
Prevôt, vingt-fix fols huit deniers à fon Lieutenant, vingt
fols au Greffier, vingt-fix fols huit deniers à chacun des
Aumônier & Chirurgien, & quinze fols à chacun des
quatre Archers & à un Exécuteur de Juftice.

M ij

92

LES huit compagnies de chacun des régimens Allemands de Wirtemberg & de Naſſau-Saarbruck, portées par ordonnance du premier décembre 1755, à quarante Maîtres, au moyen des dix hommes mis d'augmentation en chaque compagnie, feront payées chacune ſur le pied par jour, de ſix livres au Capitaine, trois livres au Lieutenant, quarante-cinq ſols au Cornette établi dans chaque compagnie, par ordonnance du 8 ſeptembre 1756, vingt-ſix ſols huit deniers au Maréchal-des-logis, douze ſols au Fourrier, huit ſols à chacun des deux Brigadiers, & ſept ſols à chacun des trente-ſept Cavaliers, y compris le Trompette & le Timbalier où il doit y en avoir·

L'État-major du régiment de Wirtemberg, ſera payé ſur le pied par jour, ſavoir, de trois livres ſix ſols huit deniers au Meſtre-de-camp, & quarante ſols au Lieutenant-colonel, indépendamment de leurs appointemens de Capitaine; huit livres dix ſols au Major, trois livres par jour à l'Aide-major, treize ſols quatre deniers à l'Aumônier, treize ſols quatre deniers à chacun des Chirurgien & Auditeur, & ſept ſols ſix deniers à chacun des Greffier, trois Archers & un Exécuteur.

Le Comte de Roſen, Meſtre-de-camp en ſecond du régiment de Wirtemberg, & qui le commande en l'abſence du Prince de Wirtemberg, continuera de recevoir ſix livres treize ſols quatre deniers par jour, pour ſes appointemens en ladite qualité, ne devant point avoir de compagnie.

L'État-major du régiment de Naſſau-Saarbruck, ſera payé à raiſon par jour, de trois livres ſix ſols huit deniers au Meſtre-de-camp, & quarante ſols au Lieutenant-colonel, indépendamment de leurs appointemens de Capitaine;

huit livres dix fols au Major, dont trente-fix fols huit deniers de fupplément; trois livres à l'Aide-major, dont fix fols huit deniers de fupplément; treize fols quatre deniers à l'Aumônier, & pareils treize fols quatre deniers au Chirurgien qui a été confervé dans ledit régiment lors des dernières réformes.

Les Capitaines qui fe font trouvés dans le cas de la réforme ordonnée les 30 octobre 1748 & 15 mars 1749, qui ont été entretenus à la fuite des régimens Royal-Allemand, Wirtemberg & Naffau, & les Capitaines qui y étoient entretenus avant lefdites deux ordonnances de réforme, & qui fe trouveront encore y exifter, continueront de fervir à leur corps toute l'année, au lieu des quatre mois auxquels ils étoient affujétis; & recevront par an, favoir, ceux qui ont eu troupes, & qui proviennent de la dernière réforme, douze cens livres; & les autres le même traitement dont ont joui les Capitaines réformés, durant la guerre, qui eft de quatre-vingt-dix livres chacun par mois, en paffant préfens aux revûes des Commiffaires des guerres.

Les Meftres-de-camp & Lieutenans-colonels entretenus à la fuite defdits trois régimens, qui ferviront dans les armées, feront payés à raifon par mois, de cent cinquante livres au Meftre-de-camp, & cent vingt-cinq livres au Lieutenant-colonel, à l'exception cependant des Meftres-de-camp & Lieutenans-colonels auxquels il auroit été réglé des appointemens différens, dont ils continueront de jouir, en conféquence des ordres particuliers qui leur ont été expédiés.

Les Lieutenans en pied qui ont été compris dans les réformes ordonnées les 30 octobre 1748 & 15 mars

1749, dans lesdits régimens de Royal-Allemand, Wirtemberg & Naffau-Saarbruck, auxquels il a été accordé des appointemens de réforme par rapport à l'ancienneté de leurs fervices, & qui ont été choifis pour remplir des places de Cornettes ordonnés le 8 feptembre 1756, fous le titre de Lieutenant en fecond, continueront de recevoir leurs appointemens de réforme, indépendamment de ceux de quarante-cinq fols par jour réglés à chaque Cornette; & ce jufqu'à ce qu'ils foient remplacés à des Lieutenances en pied, & alors leurfdits appointemens de réforme demeureront éteints.

Les Cornettes réformés qui auront été Maréchaux-deslogis, & entretenus à la fuite defdits trois régimens en qualité de Lieutenans réformés, & qui ont été ou feront nommés auxdites places de Cornettes ordonnés le 8 feptembre 1756, jouiront des appointemens de quarante-cinq fols par jour qui y font attachés; & ceux de trois cens livres par an qu'ils avoient comme Lieutenans réformés, feront fupprimés du jour qu'ils auront été nommés auxdites Cornettes : Voulant Sa Majefté que ceux defdits Lieutenans réformés qui ne fe feront pas préfentés pour lefdites places de Cornettes, ou qui n'auront pas été jugés capables d'y être nommés, ceffent de jouir de leurs appointemens de réforme, comme il eft dit ci-deffus à l'article de la Cavalerie françoife.

Sa Majesté ayant jugé à propos, par fon ordonnance du premier février 1758, de changer la compofition & le titre du régiment des Volontaires-Liégeois, pour en former un régiment de Cavalerie de huit compagnies de quarante Maîtres chacune, fous la dénomination de *Régiment de Cavalerie Liégeoife*, avec le nom du Meſtre-de-camp, Elle entend qu'il ſoit payé, ſavoir ;

Chaque compagnie, à raiſon par jour, de ſix livres au *Compagnies.* Capitaine, trois livres au Lieutenant, quarante-cinq ſols au Cornette, vingt-ſix ſols huit deniers au Maréchal-des-logis, douze ſols au Fourrier, neuf ſols à chaque Brigadier, & ſept ſols à chaque Cavalier & au Trompette ou Timbalier où il doit y en avoir.

L'État-major dudit régiment, continuera d'être payé *État-major.* ſur le pied par jour, de treize livres ſix ſols huit deniers au Meſtre-de-camp, dix livres au Lieutenant-colonel, tant pour leurs appointemens en ladite qualité, que pour leur tenir lieu de ceux de Capitaine, ne devant point avoir de compagnie ; huit livres dix ſols au Major, trois livres à l'Aide-major, trente ſols à l'Aumônier, & treize ſols quatre deniers au Chirurgien.

Les Capitaines réformés qui étoient entretenus à la *Capitaines ré-* ſuite dudit régiment avant les augmentations ordonnées *formés à la ſuite* les 20 novembre 1756 & premier février 1758, & qui *du régiment de* pourroient s'y trouver encore, n'ayant point été rem- *Raugrave.* placés, continueront de jouir de trois livres d'appointe- mens chacun par jour, au lieu du traitement qui leur étoit réglé par l'ordonnance du premier février 1751, & ce juſqu'à ce qu'ils aient été nommés à des compagnies.

Le régiment de Cavalerie légère de Corſe, créé par *RÉGIMENT* ordonnance du 29 avril 1757, & compoſé de cent cin- *de CAVALERIE* quante Maîtres montés, en ſix compagnies de vingt-cinq *LÉGÈRE* Maîtres chacune, ſera payé, ſavoir ; *de CORSE.*

Chaque compagnie, ſur le pied par jour, de cinq *Compagnies.* livres au Capitaine, quarante ſols au Lieutenant, vingt ſols au Maréchal-des-logis, douze ſols au Fourrier, que

Sa Majeſté veut bien établir dans chacune des compagnies dudit régiment, & dont il ſera payé à compter du jour qu'il paſſera en revûe, huit ſols à chacun des deux Brigadiers, & ſept ſols à chacun des vingt-deux Cavaliers, y compris le Trompette & le Timbalier où il doit y en avoir.

État-major. L'État-major dudit régiment, ſera payé ſur le pied par jour, de dix livres au Meſtre-de-camp, & huit livres au Lieutenant-colonel, leſquels n'auront point de compagnie; ſix livres au Major, trois livres ſix ſols huit deniers à l'Aide-major, vingt ſols à chacun des Aumônier & Chirurgien, & vingt-ſix ſols huit deniers au Porte-bannière.

HUSSARDS. CHACUN des deux régimens de Huſſards de Berchiny & Turpin, compoſé de neuf cens hommes, au moyen de l'incorporation qui y a été faite de celui de Polleresky, en conſéquence de l'ordonnance du 5 mai 1758, & formant ſix eſcadrons en douze compagnies de ſoixante-quinze hommes chacune, à raiſon de deux compagnies par eſcadron.

Compagnies. Chacune deſdites compagnies, compoſée d'un Capitaine, un premier Lieutenant, un ſecond Lieutenant, un Cornette, deux Maréchaux-des-logis, un Fourrier, ſix Brigadiers, ſoixante-ſept Huſſards, & un Trompette ou Timbalier où il doit y en avoir, ſera payée ſur le pied par jour, de ſix livres au Capitaine, trois livres au premier Lieutenant, cinquante ſols au ſeçond Lieutenant, quarante-cinq ſols au Cornette, vingt-ſix ſols huit deniers à chacun des Maréchaux-des-logis, douze ſols au Fourrier, neuf ſols à chacun des Brigadiers, & ſept ſols à chacun des Huſſards, Trompette & Timbalier.

L'État-

L'État-major de chacun defdits régimens de Berchiny *État-major.*
& Turpin, compofé d'un Meftre-de-camp, d'un Lieutenant-colonel, du Lieutenant-colonel en fecond, provenant de l'incorporation des régimens Huffards qui ont
été fupprimés, qui fera le fervice en ladite qualité de Lieutenant - colonel en fecond, & commandera le régiment
après le Lieutenant - colonel titulaire; d'un Major, un
Aide-major, un fecond Aide-major, un Aumônier & un
Chirurgien, fera payé à raifon de treize livres fix fols
huit deniers par jour au Meftre-de-camp, dix livres au
Lieutenant-colonel, tant pour leurs appointemens en
leurdite qualité, que pour leur tenir lieu de ceux de Capitaine, ne devant point avoir de compagnie; huit livres fix
fols huit deniers au Lieutenant-colonel en fecond, huit
livres dix fols au Major, trois livres à l'Aide - major,
pareilles trois livres au fecond Aide-major, trente fols à
l'Aumônier, & treize fols quatre deniers au Chirurgien,
qui a été confervé à la paix.

Entend Sa Majefté que les Lieutenans-colonels en *Lieutenans-colo-*
fecond defdits deux régimens de Huffards, foient rem- *nels en fecond de*
placés à la Lieutenance-colonelle de celui où ils font *Huffards, prove-*
chacun attachés, quand elle viendra à vaquer; & alors *ration des régi-*
la place & les appointemens ci-deffus de Lieutenant-colo- *mens fupprimés.*
nel en fecond feront fupprimés.

Les quatre Capitaines en pied & les trois Majors qui *Capitaines ré-*
n'ont pû être confervés dans les trois régimens reftés fur *formés à la fuite*
pied, lors de l'incorporation des régimens de Lynden, *des régimens de*
Beaufobre & Ferrary, & qui ont été entretenus tous les fept *Huffards, pro-*
en qualité de Capitaines réformés à la fuite des régimens *poration.*
de Berchiny, Turpin & Polleresky, & qui le font actuellement à la fuite de ceux de Berchiny & de Turpin,

N

recevront chacun cinq livres d'appointemens par jour ;
& ce en attendant leur remplacement aux premières compagnies vacantes dans les régimens où ils font attachés :
Voulant Sa Majefté qu'ils y foient nommés fuivant leur
rang entre eux, & de préférence aux autres Capitaines
réformés qui peuvent fe trouver dans lefdits régimens.

Capitaines réformés aux régimens de Huffards, autres que ceux-ci-deffus.

Les Capitaines réformés qui étoient à la fuite des régimens de Lynden, Beaufobre & Ferrary avant l'incorporation, ainfi que ceux qui étoient à la fuite du régiment
de Polleresky, & qui font actuellement diftribués dans les
régimens de Berchiny & Turpin, & ceux du même grade
qui fe font trouvés attachés à ces deux derniers régimens
lors de ladite incorporation, feront payés à raifon de trois
livres d'appointemens par jour, au lieu du traitement qui
leur étoit réglé par l'ordonnance du premier février
1751, & ce jufqu'à ce qu'ils aient été choifis pour remplir des compagnies.

Officiers prifonniers de guerre des régimens de Huffards.

L'intention de Sa Majefté eft que les Lieutenans,
Lieutenans en fecond ou Cornettes des régimens Huffards de Berchiny & de Turpin, qui font ou pourront
être prifonniers de guerre, foient remplacés par d'autres
Officiers qui feront nommés à leurs charges en attendant leur échange, après lequel ils reprendront leurs emplois, & que les Lieutenans, Lieutenans en fecond ou
Cornettes qui remplaceront les prifonniers de guerre,
foient payés des mêmes appointemens dont jouiffent les
Officiers en pied, & qu'après le retour des Officiers
prifonniers de guerre, ils continuent de fervir à la fuite
defdits régimens jufqu'à ce qu'ils aient été remplacés aux
premiers emplois vacans, voulant Sa Majefté qu'il ne
foit nommé aucun Officier nouveau que ceux-ci n'aient
été remplacés.

LE régiment Royal-Naſſau de Cavalerie légère Alle- mande, porté par ordonnance du 14 juin 1758, à ſix cens hommes, formant quatre eſcadrons de cent cin-quante hommes chacun, en ſept compagnies, dont la première de cent cinquante hommes, & les ſix autres de ſoixante-quinze, ſera payé, ſavoir;

La première compagnie de cent cinquante hommes, qui ſera commandée par le Meſtre-de-camp-lieutenant, ſur le pied par jour, de ſix livres au Capitaine, de pareilles ſix livres au Capitaine en ſecond, trois livres à chacun des deux Lieutenans en premier, cinquante ſols à chacun des deux Lieutenans en ſecond, quarante-cinq ſols à chacun des deux Cornettes, vingt-ſix ſols huit deniers à chacun des quatre Maréchaux-des-logis, douze ſols à chacun des deux Fourriers, neuf ſols à chacun des douze Brigadiers, & ſept ſols à chacun des cent trente-quatre Cavaliers, un Trompette & un Timbalier.

Chacune des ſix autres compagnies de ſoixante-quinze hommes, ſur le pied par jour, de ſix livres au Capitaine; trois livres au Lieutenant en premier, cinquante ſols au Lieutenant en ſecond, quarante-cinq ſols au Cornette, vingt-ſix ſols huit deniers à chacun des deux Maréchaux-des-logis, douze ſols au Fourrier, neuf ſols à chacun des ſix Brigadiers, & ſept ſols à chacun des ſoixante-ſept Cavaliers & au Trompette.

L'État-major dudit régiment, ſera payé ſur le pied par jour, de trois livres ſix ſols huit deniers au Meſtre-de-camp-lieutenant, indépendamment des ſes appointe-mens de Capitaine de la première compagnie; dix livres au Lieutenant-colonel, tant pour ſes appointemens en cette qualité, que pour lui tenir lieu de ceux de Capitaine,

RÉGIMENT ROYAL-NASSAU, de CAVALERIE LÉGÈRE ALLEMANDE.

État-major.

ne devant point avoir de compagnie; huit livres dix fols au Major, trois livres à l'Aide-major, trente fols à l'Aumônier, treize fols quatre deniers au Chirurgien, & vingt fols au Prevôt.

Dragons. CHACUN des feize régimens de Dragons, mis par ordonnance du 18 août 1755, à quatre efcadrons de cent foixante hommes chacun, en quatre compagnies de quarante Dragons montés, faifant en total fix cens quarante hommes par régiment, recevront leurs appointemens & *Compagnies.* folde, favoir; chacune des feize compagnies de chaque régiment, compofée d'un Capitaine, un Lieutenant, un Cornette dont il fera ci-après parlé, un Maréchal-deslogis, un Fourrier, deux Brigadiers, trente-fix Dragons & un Tambour, fera payée à raifon par jour, de quatre livres dix fols au Capitaine, quarante fols au Lieutenant, vingt fols au Maréchal-des-logis, dix fols fix deniers au Fourrier, fept fols fix deniers à chaque Brigadier, & fix fols fix deniers à chaque Dragon & au Tambour.

Cornettes. . Le Cornette établi par ordonnance du 5 janvier 1757, en chaque compagnie, à la réferve de la compagnie Générale du régiment Colonel général des Dragons, & de la compagnie du Meftre-de-camp général defdits Dragons, en chacune defquelles il y en a un en charge, recevra trente fols par jour d'appointemens.

Officiers en charge dans les régimens du Colonel & Meftre-de-camp général des Dragons. Le Sous-lieutenant & le Cornette entretenus dans la compagnie Générale du Colonel général des Dragons, & le Cornette auffi entretenu dans la compagnie Meftrede-camp du régiment Meftre-de-camp général defdits Dragons, feront payés à raifon par jour, de trente-trois fols quatre deniers au Sous-lieutenant, & de trente fols à chaque Cornette.

L'État-major de chaque régiment, sera payé à raison *État-major.* par jour, de dix livres au Meſtre-de-camp, huit livres ſix ſols huit deniers au Lieutenant-colonel, tant pour leurs appointemens en leurdite qualité, que pour leur tenir lieu de ceux de Capitaine, ne devant point avoir de compagnie; cinq livres au Major, dont dix ſols de ſupplément; trois livres à l'Aide-major, dont dix ſols de ſupplément; pareilles trois livres à l'Aide-major en ſecond, & trente ſols à l'Aumônier.

Le ſieur Marquis de Pons, Meſtre-de-camp-lieutenant *Meſtre-de-camp* en ſecond du régiment de Dragons d'Orléans, conti-*en ſecond du régiment de Dragons d'Orléans.* nuera d'être payé ſur le pied de cent ſoixante-ſix livres treize ſols quatre deniers par mois, pour ſes appointemens en ladite qualité, en paſſant préſent aux revûes des Commiſſaires des guerres.

Le Colonel & le Meſtre-de-camp général des Dragons, qui conſervent chacun leur compagnie, continueront de recevoir, indépendamment de leurs appointemens de Capitaine, les dix livres par jour qui leur ſont attribuées en qualité de Meſtre-de-camp.

Le Capitaine qui commandoit les quatre compagnies *Anciens Com-* à pied de chaque régiment de Dragons, & qui a paſſé *mandans des* à une des compagnies à pied, après leur décompoſition, *compagnies à* pour en former une de celles remontées & augmentées *pied de Dragons.* par ladite ordonnance du 18 août 1755, continuera de recevoir, indépendamment de ſes appointemens de Capitaine, deux livres trois ſols quatre deniers par jour, à titre de ſupplément d'appointemens, juſqu'à ce qu'il paſſe à un autre grade dont le traitement ne ſera point inférieur, & celui qui lui ſuccèdera à ſa compagnie, ne recevra que les appointemens ordinaires de Capitaine.

Le sieur Lemaire, qui a eu pendant la dernière guerre une commission de Capitaine pour commander la compagnie de Castellane dans le régiment de Dragons d'Orléans, pendant l'absence du titulaire, continuera de jouir de cinquante sols d'appointemens par jour, en passant présent aux revûes des Commissaires des guerres, jusqu'à ce qu'il soit pourvû d'une compagnie.

VOLONTAIRES de SCHOMBERG.

LE régiment de Cavalerie légère des Volontaires de Schomberg, porté par ordonnance du premier février 1758, à quatre cens quatre-vingts hommes, en six brigades de quatre-vingts hommes montés chacune, sera payé, savoir;

Brigades.

Chacune des six brigades sur le pied par jour, de treize livres au Capitaine, y compris vingt sols de supplément; quatre livres seize sols huit deniers au Capitaine en second, trois livres six sols huit deniers au Lieutenant en premier, deux livres treize sols quatre deniers au Lieutenant en second, quarante-cinq sols au Cornette, trente sols à chacun des deux Maréchaux-des-logis, huit sols à chacun des quatre Brigadiers, sept sols à chacun des quatre Sous-brigadiers, six sols à chacun des soixante-dix Volontaires, & dix sols à chaque Trompette.

État-major.

L'État-major dudit régiment sera payé sur le pied par jour, de trente-neuf livres six sols huit deniers au Mestre-de-camp, qui n'aura point de compagnie; treize livres au Major, cinq livres dix sols à l'Aide-major, quarante-trois sols quatre deniers à l'Auditeur, pareils quarante-trois sols quatre deniers à l'Aumônier, trois livres au Chirurgien-major, trente sols au Maréchal-des-logis tenant lieu de Fourrier, quarante sols au Prevôt, & pareils quarante sols au Timbalier & à chacun des quatre

Hautbois, vingt-six sols huit deniers au maître Charpentier, & vingt-trois sols quatre deniers à chacun des six Charpentiers.

Sa Majesté ayant jugé à propos de régler par une décision particulière du 16 mars 1757, qu'à compter dudit jour il seroit retenu en faveur & pendant la vie du sieur Lefort, ci-devant Lieutenant-colonel du régiment des Volontaires de Schomberg, la somme de trois mille livres par an sur les appointemens de la Lieutenance-colonelle, Elle auroit consenti en même-temps à ce que le sieur de Cholet, qui lui a succédé dans cette charge, conservât la brigade qu'il avoit dans ledit régiment ; à l'effet de quoi Elle ordonne que cette somme de trois mille livres sera prélevée sur les six mille deux cens quarante livres d'appointemens par an , attachées à ladite charge de Lieutenant-colonel, & payée, à compter dudit jour 16 mars 1757, au sieur Lefort, sur les ordres particuliers que Sa Majesté fera expédier à cet effet.

Et que tant que cette retenue aura lieu, ledit sieur de Cholet ne reçoive que neuf livres par jour pour ses appointemens de Lieutenant-colonel, indépendamment de son traitement de Capitaine chef de brigade , dont lui & ses successeurs en ladite charge de Lieutenant-colonel, jouiront jusqu'à ce que ladite retenue cesse ; son intention étant qu'alors lesdits appointemens soient rétablis à dix-sept livres six sols huit deniers par jour, & que ceux qui rempliront cette charge les reçoivent sur ce pied, en observant qu'ils ne devront plus avoir de brigade, conformément à l'ordonnance du 8 janvier 1751.

Au moyen du traitement réglé ci-dessus aux Capitaines chefs de brigade, Sa Majesté entend qu'ils ne puissent rien retenir fur la folde des Brigadiers, Sous-brigadiers, Trompettes & Volontaires, foit pour le ferrage des chevaux ou quelque autre chofe que ce foit, qui demeurera à la charge defdits Capitaines : Ordonne Sa Majefté qu'ils foient tenus de fournir par année, à chacun des hommes de leur brigade, une paire de fouliers, deux chemifes, un col, & ce qu'il a été d'ufage jufqu'à préfent de leur donner, indépendamment de leur folde.

Supplément de paye à quatre Carabiniers en chacune des compagnies de Cavalerie, & aux quatre plus anciens Dragons de chaque compagnie.

Veut Sa Majefté que les quatre Carabiniers qui font en chacune des compagnies des cinquante-cinq régimens de Cavalerie françoife & des régimens étrangers de Filtz-james, Royal-Allemand, Wirtemberg, Naffau-Saarbruck & Raugrave, les quatre plus anciens Carabiniers de chacune des compagnies des cinq brigades du régiment des Carabiniers, & les quatre plus anciens Dragons de chaque compagnie, continuent de jouir d'un fupplément de paye de fix deniers chacun par jour, dont le décompte leur fera fait avec celui de leur folde.

Maffe de la Cavalerie, Huffards, Dragons & Volontaires.

Il fera donné, outre la folde ci-deffus, qui fera payée fans aucun retranchement, douze deniers par jour, dont deux deniers de fupplément pour chaque Brigadier, Fourrier, Cavalier, Carabinier, Huffard, Volontaire, Dragon, Trompette, Timbalier & Tambour, dont le fonds reftera entre les mains du Tréforier, pour compofer une Maffe toûjours complète, deftinée à l'habillement defdites troupes ; de laquelle le Tréforier donnera fes reconnoiffances à la fin de l'année, au Major ou autre Officier chargé du détail defdits régimens & brigades, l'une à titre de Groffe-Maffe, fur le pied de huit deniers par Brigadier, Fourrier, Cavalier, Carabinier, Huffard, Volontaire, Dragon, Trompette, Timbalier & Tambour ;

& l'autre

& l'autre à titre de Petite-Maſſe, pour les quatre deniers reſtans : laquelle Maſſe ſera payée ſur la main-levée du Directeur ou Inſpecteur général dans le département duquel leſdits régimens, brigades ou compagnies ſe trouveront, viſée des Colonels généraux de la Cavalerie & des Dragons.

AUGMENTATIONS DE TRAITEMENT que Sa Majeſté a accordé aux Officiers de Cavalerie, Carabiniers, Huſſards & Dragons, à commencer du premier janvier 1758.

GRATIFICATIONS ANNUELLES attachées au rang des Capitaines & aux charges des Majors & Aides-majors.

Au premier Capitaine de chacun des cinquante-cinq régimens de Cavalerie françoiſe, de celui de Filtzjames, des régimens Royal-Allemand, Wirtemberg, Naſſau & Raugrave Liégeois, & des régimens de Huſſards, y compris celui de Royal-Naſſau, la ſomme de quatre cens livres.

Au ſecond Capitaine de chacun deſdits régimens, la ſomme de trois cens livres, pareille ſomme de trois cens livres au troiſième Capitaine du régiment Colonel général de la Cavalerie qui a trois eſcadrons.

Aux Majors de chacun des cinquante-cinq régimens de Cavalerie françoiſe, & de celui de Filtzjames, la ſomme de cent quarante livres, indépendamment de la gratification de cinq cens livres attachée à ſa charge ; & à l'Aide-major, deux cens vingt livres.

A chacun des Aides-majors des régimens Royal-Allemand, Wirtemberg, Naſſau & Raugrave, des deux régimens de Huffards, & de celui de Royal-Naffau, la fomme de trois cens vingt livres.

A chacun des cinq Meftres-de-camp, commandant les cinq brigades du régiment Royal-des-Carabiniers, la fomme de fix cens livres, comme premier Capitaine, indépendamment de la gratification de mille livres dont il jouit en ladite qualité de Meftre-de-camp.

A chacun des cinq Lieutenans-colonels defdites brigades, la fomme de cinq cens livres, comme feconds Capitaines, indépendamment de la gratification de huit cens livres dont il jouit en ladite qualité de Lieutenant-colonel.

Au Capitaine de la troifième compagnie de chacune defdites brigades, la fomme de quatre cens livres, indépendamment de la gratification de cinq cens livres, dont il jouit comme tous les Capitaines du régiment.

D R A G O N S.

Au premier Capitaine de chacun des feize régimens de Dragons, la fomme de trois cens livres.

Au fecond Capitaine de chacun defdits régimens, la fomme de deux cens livres.

Et au premier & fecond Aide-majors de chacun defdits régimens, la fomme de cent vingt livres.

A l'égard des Majors, Sa Majefté leur ayant accordé un fupplément d'appointemens, ils continueront de jouir fans augmentation, de la gratification de quatre cens livres attachée à leur charge.

P L A C E S D'U S T E N S I L E.

Deux places d'uftenfile d'augmentation à chaque Capitaine de toutes les troupes à cheval, qui ont part à l'uftenfile; pareilles deux places à chaque Lieutenant, une place à chaque Cornette, & une place à chaque Maréchal-des-logis, & la diftribution en fera faite ainfi qu'il eft expliqué ci-après à l'article de l'uftenfile.

SUPPLÉMENT D'APPOINTEMENS

aux Majors & Aides-majors de Cavalerie françoife, du régiment de Filtzjames, & de Dragons.

Les Majors & Aides-majors des cinquante-cinq régimens de Cavalerie françoife, du régiment Irlandois de Filtzjames, & des régimens de Dragons, jouiront en tout temps, paix ou guerre, du fupplément d'appointemens de deux cens livres à chaque Major, & de cent livres à chaque Aide-major, qu'ils avoient feulement pendant la paix, & dont ils étoient payés par des ordres particuliers.

REMONTE.

La remonte qui étoit ci-devant payée en temps de guerre aux Capitaines des régimens de Cavalerie & de Dragons, fur le pied de huit cens livres par compagnie de quarante chevaux dans la Cavalerie, fera augmentée de quatre cens livres pour la porter à douze cens livres; & celle de Dragons qui étoit pareillement de huit cens livres par compagnie de quarante chevaux, fera augmentée de deux cens quarante livres pour la porter à mille quarante livres.

Les compagnies des régimens de Huffards & celles à cheval des Troupes légères, auront l'augmentation de remonte, suivant leur compoſition dans la proportion de celle ci-deſſus réglée pour les Dragons.

Défenſes de faire aucune avance aux Troupes.

Veut & ordonne Sa Majeſté, qu'il ne ſoit fait aucune avance aux Troupes, ſous quelque raiſon & pour quelque prétexte que ce puiſſe être; défendant Sa Majeſté aux Intendans des provinces de ſon royaume, & aux Commiſſaires des guerres, de donner aucun ordre à cet effet, & aux Commis de l'Extraordinaire des guerres, de ne rien payer aux troupes au-delà de ce qui leur eſt réglé par la préſente ordonnance, à peine d'en répondre en leur propre & privé nom; Sa Majeſté dérogeant pour raiſon deſdites avances, à ce qui eſt porté par ſes or-donnances des premier & 3 juillet 1749, premier & 3 décembre 1750, & premier janvier 1752: permettant ſeulement Sa Majeſté auxdits Intendans & Commiſſaires des guerres, d'expédier des ordres pour faire donner des guêtres & des ſouliers à des recrues, dans un cas de néceſſité indiſpenſable dont ils ſe rendront certains, & il ne pourra être donné d'argent à cet effet, qu'à l'Officier, Sergent ou Soldat, chargé de la conduite de la recrue, qui ſera muni d'un billet de l'Officier chargé du détail du régiment, juſtifiant le corps où il ſert, & la ſignature de ce billet ſera certifiée par le Tréſorier du lieu où ſera la troupe.

Revûe des Commiſſaires des guerres tous les deux mois.

Les Commiſſaires des guerres continueront de faire leurs revûes tous les deux mois aux troupes, & d'en envoyer dans le courant du mois qui ſuivra celui où ils les auront faites, des extraits au Secrétaire d'État ayant le départe-ment de la guerre; & ils en remettront en même temps de pareilles expéditions à l'Intendant de la Province, au Tréſorier de la Place, ainſi qu'aux Munitionnaires des vivres & autres fourniſſeurs.

Sa Majeſté ayant été informée qu'il y auroit eu quelque difficulté pour le décompte des payes de gratification pendant le temps que les troupes marchent par étape; & voulant y pourvoir, Elle ordonne que ce décompte ſoit fait par les Commis de l'Extraordinaire des guerres, pour le temps que la troupe aura été en route, ſur la revûe de l'arrivée de cette troupe au lieu de ſa deſtination, & ſur le pied réglé par les précédentes ordonnances.

Sa Majeſté jugeant néceſſaire qu'il reſte à la fin de chacun des douze mois de l'année, quelque argent aux Cavaliers, Carabiniers, Huſſards & Dragons, pour s'entretenir de linge, culotte, bas & ſouliers : Et voulant que les choſes demeurent réglées entre les Capitaines & leſdits Cavaliers, Carabiniers, Huſſards & Dragons, de manière qu'il n'y ait aucune difficulté ſur le décompte à faire entr'eux; Sa Majeſté ordonne que chaque Cavalier & Huſſard touche ſix ſols par jour pour ſa ſubſiſtance, chaque Carabinier ſept ſols, chaque Cavalier du régiment Irlandois de Filtzjames, huit ſols, & chaque Dragon cinq ſols ſix deniers, ſur leſquels il ſera tenu d'entretenir le ferrage de ſon cheval; que le ſol de ſurplus reſtera entre les mains du Major, de l'Aide-major, ou Officier chargé du détail de chaque corps, qui leur délivrera tous les trois mois les quatre livres dix ſols à quoi cela montera, après avoir examiné s'ils ſont fournis de linge, culotte, bas & ſouliers; & s'ils en manquoient, il leur en fera faire l'emplette ſur ce fonds, & leur remettra exactement le reſtant s'il s'en trouve.

Entend Sa Majeſté ne point comprendre dans cette diſpoſition le régiment de Cavalerie des Volontaires de Schomberg, dont les Brigadiers, Sous-brigadiers &

Volontaires doivent recevoir leur folde fans aucune déduction.

X V.

OFFICIERS RÉFORMÉS
DANS LES PROVINCES.

Colonels & Lieutenans-colonels d'Infanterie françoife.

LES Colonels & Lieutenans-colonels réformés d'Infanterie françoife, qui par l'ancienneté de leurs fervices doivent avoir des appointemens, continueront d'en être payés dans les provinces, fur les états & ordres qui feront expédiés à cet effet, fur le pied de neuf cens livres par an à chaque Colonel, & de fept cens livres à chaque Lieutenant-colonel.

Meftres-de-camp & Lieutenans-colonels de Cavalerie françoife.

Les Meftres-de-camp & Lieutenans-colonels réformés de Cavalerie, retirés dans les provinces, auxquels Sa Majefté a accordé des appointemens, continueront d'en être payés fur les états & ordres qui feront expédiés à cet effet.

Meftres-de-camp & Lieutenans-colonels de Dragons.

Les Meftres-de-camp & Lieutenans-colonels réformés de Dragons, qui doivent avoir auffi des appointemens par l'ancienneté de leurs fervices, feront payés dans leur province, fuivant les états & ordres qui feront envoyés, fur le pied de deux mille livres par an à chaque Meftre-de-camp qui a eu un régiment, mille livres à chacun des autres, & fix cens livres à chaque Lieutenant-colonel.

Officiers reformés, Partifans d'Infanterie, Cavalerie & Dragons, entretenus dans les Places.

Les Officiers réformés, tant d'Infanterie que de Cavalerie & de Dragons, entretenus dans les Places en qualité de Partifans, feront payés en paffant préfens aux revûes, des appointemens qui leur ont été réglés fuivant les états & ordres fignés du Secrétaire d'État ayant le département de la guerre.

Les Capitaines & Lieutenans réformés d'Infanterie, de Cavalerie & de Dragons, ci-devant attachés à la fuite des régimens, ou entretenus à la réfidence des Places, qui ont été renvoyés dans leur province, continueront d'y être payés de leurs appointemens, fur les états qui feront envoyés tous les fix mois aux Intendans defdites provinces, ainfi qu'il s'eft pratiqué par le paffé.

X V I.

F O U R R A G E.

Les Officiers des régimens & corps de troupes, tant d'Infanterie Françoife, Suiffe, Allemande, Italienne, Irlandoife & Écoffoife, que de la Gendarmerie, Cavalerie françoife & étrangère, Carabiniers, Huffards, Dragons, & de Troupes légères, qui ferviront dans les Armées, commenceront à avoir du fourrage d'hiver, à compter de l'époque qui en fera fixée, jufqu'au temps que lefdites troupes fe mettront en campagne, fur le pied ci-après expliqué.

La ration de fourrage d'Infanterie Françoife, Suiffe, Allemande, Italienne, Irlandoife & Écoffoife, & Troupes légères à pied, fera compofée de douze livres de foin & de huit livres de paille, ou de feize livres de foin fans paille où il n'y en aura point, & d'un demi-boiffeau d'avoine, mefure de Paris; & il en fera délivré, favoir;

Pour les Officiers d'Infanterie françoife, quatre rations par jour à chaque Capitaine en pied, pareil nombre de quatre rations à chaque Capitaine en fecond ci-devant en pied, provenant de la réforme de 1748, & qui tient lieu de Lieutenant aux compagnies ; & deux rations à chaque Lieutenant, Sous-lieutenant & Enseigne, même aux Lieutenans en second & Sous-lieutenans que Sa Majesté a bien voulu conserver sans appointemens dans les compagnies de Fusiliers de son régiment d'Infanterie, par ordonnances des 20 février 1749 & 8 novembre 1750 : Et pour l'État-major, dix rations par jour à chaque Colonel de régiment, sans compagnie ; sept rations au Lieutenant-colonel, aussi sans compagnie ; six rations au Commandant de chacun des second, troisième & quatrième bataillons, qui n'ont point aussi de compagnie ; cinq rations au Major, trois rations à l'Aide-major, une ration à l'Aumônier, & une ration au Prevôt des régimens qui ont Prevôté ; les Chirurgiens & Maréchaux-des-logis n'en devant point avoir.

État major.

Au Colonel-lieutenant du régiment d'Infanterie de Sa Majesté, qui conserve sa compagnie, six rations par jour, outre celles qui lui sont attribuées en qualité de Capitaine ; huit rations au sieur Chevalier de Beauveau, Colonel en second du régiment des Gardes de Lorraine ; & pareilles huit rations au Vicomte de Vence, Colonel en second du régiment Royal-Corse.

Colonel-lieutenant du régiment du Roi, & Colonels en second.

A l'égard des Officiers réformés à la suite des régimens d'Infanterie françoise, ils auront du fourrage, sur le pied par jour, de six rations à chaque Colonel, quatre rations à chaque Lieutenant-colonel, deux rations à chaque Capitaine, & une ration à chaque Lieutenant.

Officiers réformés d'Infanterie françoise.

Pour le corps des Grenadiers de France, quatre rations de fourrage par jour à chaque Capitaine, & deux rations à chaque Lieutenant en premier, Lieutenant en second & Enseigne : Et pour les Officiers de l'État-major, douze rations à l'Inspecteur commandant en chef du corps ; dix rations

Corps des Grenadiers de France. Fourrage. État-major.

rations au fieur de Lanjamet, Commandant en fecond dudit corps; huit rations auffi par jour à chaque Colonel, & fept rations à chaque Lieutenant-colonel, pendant le temps feulement que lefdits Colonels & Lieutenans-colonels feront de fervice audit corps; cinq rations à chaque Sergent-major, & trois rations à chaque Aide-major.

Sa Majefté ayant bien voulu accorder du fourrage *gratis* aux Officiers des régimens de Royal-Lorraine & Royal-Barrois, dans le cas où elle en fait fournir aux Officiers de fes troupes d'Infanterie, cette fourniture leur fera faite fur le pied par jour, de quatre rations à chaque Capitaine en pied & Capitaine en fecond, & deux rations à chaque Lieutenant en premier, Lieutenant en fecond ou Enfeigne : Et pour l'État-major, dix rations au Colonel, fept au Lieutenant-colonel, qui ne doivent point avoir de compagnies; cinq rations au Major, trois à l'Aide-major, & une à l'Aumônier & au Prevôt.

ROYAL-LORRAINE & ROYAL-BARROIS.
Compagnies.

État-major.

Pour le Corps Royal de l'Artillerie, les Officiers de chacune des compagnies d'Ouvriers, Canonniers & Bombardiers, recevront du fourrage fur le pied par jour, favoir, de quatre rations à chacun des Capitaine en premier & Capitaine en fecond, & deux rations à chacun des premier Lieutenant, Lieutenant en fecond & Sous-lieutenant. A l'égard des Officiers de l'État-major de chaque brigade, le fourrage leur fera délivré à raifon par jour, de douze rations au Chef de brigade, dix rations au Colonel qui n'aura point de compagnie, fept rations au Lieutenant-colonel, auffi fans compagnie ; cinq rations au Major, trois rations à l'Aide-major, deux rations au Sous-aide-major, & une ration au Garçon-major & à l'Aumônier.

CORPS ROYAL de l'ARTILLERIE.
Fourrage.
Compagnies d'Ouvriers, Canonniers & Bombardiers.

État-major.

Compagnies de Sappeurs. Chaque compagnie de Sappeurs aura du fourrage pour les Officiers, fur le pied par jour, de quatre rations au Capitaine, & deux rations à chacun des Lieutenans en premier & deux Lieutenans en fecond.

Compagnies de Mineurs. Et chaque compagnie de Mineurs du même corps de Royal-Artillerie, à raifon par jour, de quatre rations au Capitaine en premier, & pareil nombre de quatre rations au Capitaine en fecond, & deux rations à chacun des deux Lieutenans en premier & deux Lieutenans en fecond.

MILICES. Ceux des Officiers des régimens de Grenadiers-royaux & des cent cinq bataillons de Milices des provinces du royaume, que Sa Majefté voudra, dans le cas de guerre, faire camper & fervir en campagne dans fes armées, *Fourrage.* auxquels Elle jugera à propos d'accorder du fourrage d'hiver, dont Sa Majefté fixera l'époque que lefdits Officiers commenceront à en avoir, comme il eft dit à l'article de l'Infanterie françoife, le recevront fur le pied par jour, favoir;

RÉGIMENS de GRENADIERS ROYAUX. Compagnies de Grenadiers & de Grenadiers-poftiches. Pour les Officiers des régimens des Grenadiers-royaux, à raifon de quatre rations à chacun des Capitaines de Grenadiers & de Grenadiers-poftiches, deux rations à chacun des premier & fecond Lieutenans de Grenadiers, pareille quantité de deux rations à chaque Lieutenant de Grenadiers-poftiches, & à chacun des deux feconds Lieutenans qui ont été établis par l'ordonnance du 5 décembre 1756, aux Grenadiers-poftiches des deux premières compagnies de chacun defdits régimens de Grenadiers-royaux, pour porter les drapeaux.

Compagnies de Fufiliers des bataillons de Milice. Pour les Officiers des compagnies de Fufiliers de chaque bataillon de Milice, à raifon par jour, de trois rations de fourrage à chaque Capitaine, & deux rations à chaque Lieutenant.

A l'égard des Officiers de l'État-major de chacun des régimens de Grenadiers-royaux, ils recevront du fourrage, à raison par jour, de dix rations à chaque Colonel qui ne doit point avoir de compagnie ; sept rations au Lieutenant-colonel, aussi sans compagnie ; cinq rations au Major, & trois rations à l'Aide-major de chaque bataillon.

Les Officiers de l'État-major de chacun des régimens de Polignac & de Montureux, des Milices de Lorraine & de Bar, recevront du fourrage sur le pied par jour, de dix rations au Colonel qui ne doit point avoir de compagnie, cinq rations au Major attaché au premier bataillon, six rations au Commandant du second bataillon, & trois rations à l'Aide-major dudit second bataillon.

Et à l'État-major des cent un autres bataillons de Milice, sur le pied par jour, savoir, de sept rations au Commandant de bataillon qui aura le titre de Lieutenant-colonel, & seulement six rations au Commandant qui ne sera point Lieutenant-colonel, & trois rations à l'Aide-major de chaque bataillon.

Sa Majesté ayant bien voulu accorder le fourrage *gratis* aux Officiers des régimens d'Infanterie Suisse & Grisonne qui font à son service, dans le cas où ces régimens serviroient dans les armées, & qu'Elle en fera fournir aux Officiers de son Infanterie françoise, son intention est que cette fourniture leur soit faite en passant présens aux revûes des Commissaires des guerres, sur le pied par jour, de quatre rations au Capitaine titulaire, ou en son absence au Capitaine-commandant ; pareilles quatre rations au Capitaine-lieutenant, & deux rations à chacun des Lieutenans, Sous-lieutenans & Enseignes.

Et pour l'État-major, six rations au Colonel, trois au

État-major des régimens de Grenadiers-royaux.

État-major des deux régimens de Milices de Lorraine.

État-major des cent un autres bataillons de Milice.

INFANTERIE SUISSE & GRISONNE. Compagnies.

État-major.

Lieutenant-colonel, & deux au Commandant du second bataillon, indépendamment de celles qui leur font attribuées comme Capitaines ; cinq rations au Major, trois à chaque Aide-major, & une à chacun des Aumônier & Prevôt.

INFANTERIE ALLEMANDE. Les Officiers des régimens d'Infanterie Allemande, ceux des régimens de Boüillon, Royal-Deux-Ponts, de Vierzet & d'Horion, créés fur le pied étranger, recevront auffi le fourrage *gratis* dans le cas où ces régimens ferviroient dans les armées, & que Sa Majefté en fera fournir aux Officiers de fon Infanterie françoife, fur le pied par jour, *Compagnies.* de quatre rations au Capitaine en pied, pareilles quatre rations au Capitaine en fecond, & deux rations à chacun des Lieutenant en premier, Lieutenant en fecond, & Sous-lieutenant ou Enfeignes.

État-major. Et pour l'État-major, fix rations au Colonel, trois au Lieutenant-colonel, deux au Commandant de bataillon, indépendamment des rations qui leur font attribuées comme Capitaines ; cinq rations au Major, trois à chaque Aide-major, & une à chacun des Aumônier & Prevôt.

Colonel en fecond du régiment de Boüillon. Le Colonel en fecond du régiment de Boüillon, recevra huit rations de fourrage par jour.

INFANTERIE ITALIENNE, IRLANDOISE & ÉCOSSOISE. *Fourrage.* *Compagnies.* Les Officiers des compagnies & État-major des régimens d'Infanterie Italienne, Irlandoife & Écoffoife, auront du fourrage, fur le pied par jour, favoir, de quatre rations à chaque Capitaine en pied & à chacun des Capitaines en fecond attachés aux compagnies comme fecond Officier ; quatre rations au Capitaine de Grenadiers réformé, ci-devant en pied & attaché au régiment Royal-Italien ; pareille quantité de quatre rations à chaque Capitaine en fecond, ci-devant en pied dans le régiment d'Infanterie

Écoſſoiſe d'Albànie, & entretenus dans ceux de Royal-
Écoſſois & d'Ogilvy, auſſi d'Infanterie Écoſſoiſe; & deux
rations à chaque Lieutenant en premier, Lieutenant en
ſecond, Sous-lieutenant & Enſeigne.

Pour le fourrage des Officiers de l'État-major de chacun *État-major.*
deſdits régimens d'Infanterie Italienne, Irlandoiſe &
Écoſſoiſe, il leur ſera délivré ſur le pied par jour, de dix
rations à chaque Colonel, ſept rations à chaque Lieutenant-colonel, leſquels Colonels & Lieutenans-colonels
ne doivent point avoir de compagnie; cinq rations à
chaque Major, trois rations à chaque Aide-major, une
ration à chacun des Aumôniers, & une ration au Prevôt
qui eſt en chacun des régimens Royal-Italien, Royal-
Corſe, & de ceux de Rothe & Berwick d'Infanterie
Irlandoiſe.

Les Colonels en ſecond qui ſe trouveront commander
leſdits régimens, recevront huit rations de fourrage
par jour.

A l'égard des Officiers réformés à la ſuite deſdits ré- *Officiers réfor-*
gimens d'Infanterie Suiſſe & Griſonne & d'Infanterie *més à la ſuite*
étrangère, ils auront du fourrage, à raiſon par jour, de *de l'Infanterie*
ſix rations à chaque Colonel, quatre rations à chaque *Suiſſe & Gri-*
Lieutenant-colonel, deux rations à chaque Capitaine, *fonne, & d'In-*
& une ration à chaque Lieutenant. *fanterie étran-*
gère.

Veut Sa Majeſté qu'il ſoit fourni une ration de fourrage
de Cavalerie par jour, pour la nourriture de chacun des
trois chevaux deſtinés au ſervice des pièces de canon à
la Suédoiſe en chacun des bataillons d'Infanterie françoiſe & étrangère, & des Troupes légères qui ſervent dans
ſes armées.

Et qu'il ſoit pareillement fourni une ration de fourrage

de Cavalerie par jour, pour la nourriture de chacun des chevaux ordonnés pour porter les tentes des Soldats en chacun des bataillons d'Infanterie françoise, de ceux du Corps royal de l'Artillerie, & des compagnies de Mineurs & d'Ouvriers seulement qui serviront aussi dans ses armées.

Composition de la ration de fourrage de la Cavalerie & des Dragons.

La ration de fourrage des troupes de la Gendarmerie, Cavalerie françoise & étrangère, Carabiniers, Hussards, Dragons & Troupes légères à cheval, sera composée de quinze livres de foin & de cinq livres de paille, ou de dix-huit livres de foin sans paille où il n'y en aura point, & des deux tiers du boisseau d'avoine, mesure de Paris, dont les vingt-quatre boisseaux font le setier de ladite mesure.

Fourrage de la Gendarmerie, Cavalerie & Dragons, pour la nourriture des chevaux de compagnies.

L'intention de Sa Majesté est qu'il soit fourni une ration de fourrage par jour à chaque cheval de Gendarme & de Chevau-léger de la Gendarmerie, & de chaque Brigadier, Sous-brigadier, Fourrier, Carabinier, Cavalier, Hussard, Dragon, Volontaire, Chasseur, Timbalier, Trompette & Tambour des compagnies à cheval, les Officiers ne devant avoir qu'une ration chacun, en temps de paix, ainsi qu'il sera expliqué ci-après, en se conformant à ce qui est prescrit par l'article IV de l'ordonnance du 3 juillet 1749, tant pour les Troupes qui doivent être fournies en nature des magasins établis à cet effet, que pour celles qui se trouveront dans le cas d'avoir la disposition de leurs fourrages; laquelle fourniture de fourrage auxdites Troupes ne doit avoir lieu que pour le nombre de chevaux présens & effectifs aux revûes des Commissaires des guerres.

Et le cas de guerre arrivant, ainsi qu'il est dit ci-dessus,

les Officiers defdites troupes de Gendarmerie, Cavalerie
françoife & étrangère, Carabiniers, Huffards, Dragons,
& de Troupes légères à cheval, que Sa Majefté feroit
fervir en campagne dans fes armées, recevront le fourrage
d'hiver, à commencer du jour qu'Elle leur fixera, fur le
pied ci-après, par jour, favoir :

Les grands Officiers des dix compagnies de Gendarmes
de la Gendarmerie ne devant point avoir de fourrage,
il en fera feulement fourni deux rations à chaque Maréchal-des-logis defdites compagnies.

Les Officiers des fix compagnies des Chevaux-légers
de ladite Gendarmerie, recevront le fourrage, à raifon par
jour, de dix rations à chaque Capitaine-lieutenant, quatre
rations à chaque Sous-lieutenant, trois rations à chaque
Cornette, & deux rations à chaque Maréchal-des-logis.

Et pour les Officiers de l'État-major de ladite Gendarmerie, douze rations par jour au Major, huit rations
à l'Aide-major, fix rations à chacun des deux Sous-aides-
majors, deux rations à chacun des deux Aumôniers, &
une ration au Chirurgien.

Pour les régimens de Cavalerie françoife, celui de
Filtzjames Irlandois, & celui de Raugrave de Cavalerie
Liégeoife, fix rations de fourrage par jour à chaque
Capitaine, quatre rations à chaque Lieutenant, pareille
quantité de quatre rations au Sous-lieutenant qui eft en
la compagnie Colonelle du régiment du Colonel général
de la Cavalerie, trois rations à chaque Cornette, & deux
rations à chaque Maréchal-des-logis.

Et pour les Officiers de l'État-major defdits régimens
de Cavalerie Françoife, Irlandoife & Liégeoife, fix rations
aux Meftres-de-camp de chacun des régimens du Colonel

général, Meſtre-de-camp général & Commiſſaire général de la Cavalerie, qui conſervent leur compagnie; & ce en leurdite qualité de Meſtres-de-camp, & indépendamment des rations qu'ils reçoivent comme Capitaine; douze rations à chacun des autres Meſtres-de-camp, y compris ceux du régiment de Filtzjames & de Raugrave-Liégeois, tant pour leur fourrage en leurdite qualité, que pour leur tenir lieu de celui attribué aux Capitaines, ne devant point avoir de compagnie; dix rations à chaque Lieutenant-colonel deſdits régimens, tous auſſi ſans avoir de compagnie; huit rations à chaque Major, quatre rations à chaque Aide-major, & une ration à l'Aumônier & au Chirurgien de chaque régiment. A l'égard des Capitaines qui ont eu troupe, & qui ſe ſont trouvés dans le cas de la réforme de 1748 & 1749, & ſont actuellement entretenus à la ſuite deſdits régimens de Cavalerie françoiſe, de celui de Filtzjames & de celui de Raugrave, ils auront du fourrage, à raiſon de ſix rations par jour à chacun deſdits Capitaines réformés de Cavalerie françoiſe, & du régiment de Filtzjames, en paſſant préſens aux revûes.

Officiers réformés de Cavalerie Françoiſe & Irlandoiſe, ci-devant en pied.

Carabiniers.
Fourrage.
Compagnies.

Les Officiers du régiment des Carabiniers de M. le Comte de Provence, recevront le fourrage à raiſon par jour, de ſix rations à chaque Capitaine, quatre rations à chaque Lieutenant, trois rations à chaque Cornette, & deux rations à chaque Maréchal-des-logis, vingt rations au Meſtre-de-camp-lieutenant, dix rations au Major, ayant rang de Meſtre-de-camp : Et pour l'État-major de chacune des cinq brigades, ſix rations au Chef de brigade, quatre rations au Lieutenant-colonel, outre ce que ces deux Officiers reçoivent en leur qualité de Capitaine d'une compagnie; ſix rations à l'Aide-major, quatre rations au

État - major.

Sous-aide-

Sous-aide-major, & une ration à chacun des Aumônier & Chirurgien, aussi de chaque brigade.

Pour les régimens Royal-Allemand, Wirtemberg & de Nassau-Saarbruck, de Cavalerie allemande, six rations par jour à chaque Capitaine, quatre rations à chaque Lieutenant. trois rations à chaque Cornette, & deux rations à chaque Maréchal-des-logis : Et à l'État-major de chacun desdits régimens, six rations au Mestre-de-camp, & quatre rations au Lieutenant-colonel, indépendamment des rations qu'ils recoivent chacun comme Capitaine d'une compagnie ; huit rations au Major, quatre rations à l'Aide-major, & une ration à chacun des Aumônier & Chirurgien ; en observant que les deux Lieutenans-colonels, deux Majors & deux Aides-majors qu'il y a dans le régiment de Royal-Allemand, doivent avoir la même quantité de rations de fourrage ci-dessus réglée pour chacun des Officiers de ces trois grades ; dans le régiment Royal-Allemand , deux rations par jour au Maréchal-des-logis dudit régiment, trois rations au Prevôt, deux rations à son Lieutenant, pareille quantité de deux rations au Greffier , & une ration à chacun des quatre Archers & à l'Exécuteur de justice ; & dans le régiment de Wirtemberg , une ration à chacun des Auditeur, Greffier, trois Archers & un Exécuteur de justice.

Les Officiers du régiment de Cavalerie légère de Corse, recevront le fourrage sur le pied par jour, savoir, de six rations au Capitaine, quatre au Lieutenant, deux au Maréchal-des-logis : Et ceux de l'État-major, à raison de douze rations au Mestre-de-camp, dix au Lieutenant-colonel, lesquels n'ont point de compagnie ; huit

Q

rations au Major, quatre à l'Aide-major, & une à chacun des Aumônier, Chirurgien & Porte-bannière.

Hussards.
Fourrage.
Compagnies.

Pour les Officiers des régimens de Huffards, fix rations par jour à chaque Capitaine, quatre rations au premier Lieutenant, trois rations au fecond Lieutenant, pareille quantité de trois rations à chaque Cornette, & deux ra-

État - major.

tions à chaque Maréchal-des-logis : Et pour l'État-major, douze rations à chaque Meftre - de - camp qui ne doit

Lieutenant-colonels en fecond provenant de l'incorporation.

point avoir de compagnie ; dix rations au Lieutenant-colonel, auffi fans compagnie ; huit rations au Lieutenant-colonel en fecond, provenant de l'incorporation des trois régimens qui ont été fupprimés par ordonnance du 30 octobre 1756 ; huit rations au Major, quatre rations à chacun des deux Aides-majors, & une ration à chacun des Aumônier & Chirurgien de chacun defdits régimens.

Capitaines réformés provenant de l'incorporation des regimens fupprimés.

Et à l'égard des Capitaines ci-devant en piéd, & des Majors, provenant de l'incorporation des régimens de Huffards, & entretenus en qualité de Capitaines réformés à la fuite defdits régimens qui exiftent, ils recevront chacun fix rations de fourrage par jour.

Royal-Nassau.
Fourrage.
Compagnies.

Pour le régiment de Royal-Naffau, fix rations à chaque Capitaine & au Capitaine en fecond de la première compagnie, quatre rations à chaque Lieutenant en premier, trois rations à chaque Lieutenant en fecond, pareille quantité de trois rations à chaque Cornette, & deux rations à chaque Maréchal-des-logis : Et pour les

État - major.

Officiers de l'État-major, fix rations au Meftre-de-camp, indépendamment des fix rations qu'il reçoit comme Capitaine ; dix rations au Lieutenant-colonel qui n'a point de compagnie, huit rations au Major, quatre

rations à l'Aide-major, une ration à chacun des Aumônier & Chirurgien, & deux rations au Prevôt.

Les Officiers du régiment des Volontaires de Schom- *Volontaires
de*
SCHOMBERG.
berg, recevront le fourrage fur le pied par jour, de fix
rations à chaque Capitaine chef de brigade, quatre rations *Fourrage.*
à chacun des Capitaines en fecond & Lieutenant en pre- *Compagnies.*
mier, trois rations à chaque Lieutenant en fecond &
Cornette, & deux rations à chaque Maréchal-des-logis :
Et pour l'État-major dudit régiment, douze rations au *État-major.*
Meftre-de-camp qui ne doit point avoir de brigade, &
quatre rations au Lieutenant-colonel, indépendamment
de celles qui lui font attribuées comme Chef de brigade ;
huit rations au Major, quatre rations à l'Aide-major, &
une ration à chacun des dix-fept petits Officiers, qui
doivent tous être montés, favoir, un Auditeur, un Aumônier, un Maréchal-des-logis, un Chirurgien-major,
un Prevôt, un Timbalier, quatre Hautbois, un Maître
Charpentier & fix Charpentiers.

LES Officiers des compagnies & États-majors des régi- **DRAGONS.**
mens de Dragons, recevront le fourrage, à raifon par *Fourrage.*
jour, de fix rations à chaque Capitaine, quatre rations à *Compagnies.*
chaque Lieutenant, pareilles quatre rations au Sous-
lieutenant qui eft en la compagnie Générale du régiment du Colonel général, trois rations à chaque
Cornette, & deux rations à chaque Maréchal-des-logis :
Et pour l'État-major, fix rations au Colonel général & *État-major.*
au Meftre-de-camp général des Dragons, qui con-
fervent chacun leur compagnie ; & ce indépendamment
des rations qui leur font attribuées comme Capitaines ;
douze rations à chacun des autres Meftres-de-camp
qui n'ont point de compagnie, dix rations à chaque

Lieutenant-colonel, auſſi ſans compagnie; huit rations à chaque Major, quatre rations à chacun des premier & ſecond Aides-majors, & une ration auſſi par jour à chaque Aumônier.

Il ſera auſſi fourni du fourrage au ſieur Comte de Roſen, Meſtre-de-camp en ſecond du régiment de Wirtemberg, & aa ſieur Marquis de Pons, Meſtre-de-camp en ſecond du régiment de Dragons d'Orléans, ſur le pied par jour, de dix rations à chacun.

Les Officiers réformés qui auront ordre de ſervir à la ſuite des régimens de Cavalerie françoiſe, étrangère, & de Dragons, à l'exception de ceux du régiment de Filtzjames dont il ſera parlé ci-après, recevront le fourrage ſur le pied par jour, de ſix rations à chaque Meſtre-de-camp, pareille quantité de ſix rations à chaque Lieutenant-colonel, quatre rations à chaque Capitaine, & deux rations à chaque Lieutenant.

Les Officiers réformés qui auront auſſi ordre de ſervir à la ſuite du régiment de Cavalerie de Filtzjames, auront le fourrage à raiſon par jour, de neuf rations à chaque Meſtre-de-camp, huit rations à chaque Lieutenant-colonel, cinq rations à chaque Capitaine, & trois rations à chaque Lieutenant.

Les Officiers des compagnies & de l'État-major de la Légion-royale, recevront le fourrage ſur le pied par jour, ſavoir, au Capitaine de la compagnie d'Ouvriers, trois rations d'Infanterie, & deux rations à chacun des Lieutenant, Lieutenant en ſecond & Sous-lieutenant; pour les compagnies de Grenadiers, quatre rations d'Infanterie à chaque Capitaine, & deux rations à chacun des Lieutenant & Lieutenant en ſecond; & pour les compagnies de cent vingt-cinq hommes, dont foixante-quinze d'Infanterie & cinquante Dragons montés, fix rations de Cavalerie au Capitaine titulaire de chacune defdites compagnies, trois rations d'Infanterie à chaque Capitaine en fecond des hommes à pied, & deux rations à chaque Lieutenant & Lieutenant en fecond ; quatre rations à chaque Capitaine en fecond de Dragons, trois rations à chaque Lieutenant & Lieutenant en fecond, & deux rations à chaque Maréchal-des-logis ; au Capitaine de chacune des deux compagnies de Huffards, cinq rations par jour, & trois rations à chacun des premier & fecond Lieutenant & au Cornette, & deux rations à chaque Maréchal-des-logis : Et pour l'État-major, douze rations de Cavalerie par jour au Colonel, qui ne doit point avoir de compagnie ; huit rations, auffi de Cavalerie, au Major ; trois rations d'Infanterie à chacun des deux Aides-majors des troupes à pied, quatre rations de Cavalerie à chacun des deux Aides-majors de Dragons, & une ration d'Infanterie à chacun des Aumônier, Chirurgien & Prevôt.

Compagnies de quatre-vingt-dix hommes.
Capitaine titulaire.
Infanterie.
Dragons.
Compagnies de Huffards.

Pour les régimens des Volontaires de Flandre & du Haynault, les Officiers de chacune des compagnies de foixante-quinze hommes, dont quarante d'Infanterie & trente-cinq de Cavalerie, recevront le fourrage fur le pied par jour, de fix rations de Cavalerie au Capitaine titulaire, trois rations d'Infanterie à chaque Capitaine en fecond des troupes à pied, & deux rations à chaque Lieutenant & Enfeigne ; quatre rations de Cavalerie à chaque Capitaine en fecond des troupes à cheval, trois rations à chaque Lieutenant & Cornette, & deux rations à chaque Maréchal-des-logis : Et pour l'État-major, douze rations

Volontaires de Flandre & du Haynault.
Fourrage.
Capitaine titulaire des compagnies de foixante-quinze hommes.
Troupes d'Infanterie.
Troupes à cheval.
État-major.

de Cavalerie au Colonel; dix rations, auffi de Cavalerie, au Lieutenant-colonel, lefquels ne doivent point avoir de compagnie; huit rations de Cavalerie au Major, quatre rations de Cavalerie à l'Aide-major de Cavalerie, trois d'Infanterie à l'Aide-major des compagnies à pied, & une ration d'Infanterie à chacun des Aumônier & Chirurgien.

RÉGIMENS des VOLONTAIRES du DAUPHINÉ, & des VOLONTAIRES d'ALSACE.

Fourrage.

Compagnies de foixante-dix hommes.

État-major.

LES Officiers des régimens des Volontaires du Dauphiné & des Volontaires d'Alface, auront le fourrage fur le pied par jour, favoir, de fix rations de Cavalerie au Capitaine titulaire de chaque compagnie de foixante-dix hommes; trois rations d'Infanterie à chaque Capitaine en fecond des troupes à pied, & deux rations à chaque Lieutenant & Enfeigne; quatre rations de Cavalerie à chaque Capitaine en fecond des troupes à cheval; trois rations à chaque Lieutenant & Cornette, & deux à chaque Maréchal-des-logis : Et pour l'État-major de chacun defdits régimens, douze rations de Cavalerie au Colonel, dix rations de Cavalerie au Lieutenant-colonel, lefquels ne doivent point avoir de compagnie; huit rations de Cavalerie au Major, quatre rations, auffi de Cavalerie, à l'Aide-major; & une ration d'Infanterie à chacun des Aumônier & Chirurgien.

RÉGIMENS des VOLONTAIRES ÉTRANGERS de CLERMONT-PRINCE, & des VOLONTAIRES LIÉGEOIS.

Compagnies de Grenadiers.

LES Officiers des régimens des Volontaires-Étrangers de Clermont-Prince & des Volontaires-Liégeois, auront le fourrage fur le pied par jour, favoir, de quatre rations d'Infanterie à chacun des deux Capitaines de Grenadiers des Volontaires de Clermont-Prince, & deux rations à chacun des Lieutenant & Sous-lieutenant; quatre rations à chacun des Capitaines en premier des compagnies de Fufiliers de cent hommes chacune des deux régimens, trois rations à chaque Capitaine en fecond, & deux rations à chacun des Lieutenant en premier, Lieutenant en second & Sous-lieutenant ; pour chaque compagnie de Cavalerie de cinquante hommes, cinq rations au Capitaine, trois rations à chaque Lieutenant & Cornette, & deux rations à chaque Maréchal-des-logis : Pour l'État-major des Volontaires-étrangers de Clermont-Prince, douze rations de Cavalerie au Colonel-lieutenant, dix rations de Cavalerie au Lieutenant-colonel, huit rations de Cavalerie au Lieutenant-colonel en second, lesquels ne doivent point avoir de compagnie ; huit rations de Cavalerie au Major, quatre rations de Cavalerie à chacun des deux Aides-majors de Cavalerie ; trois rations d'Infanterie à chacun des deux Aides-majors d'Infanterie, & une ration d'Infanterie à chacun des Aumônier, Chirurgien & Prevôt : Et pour l'État-major des Volontaires-Liégeois, douze rations de Cavalerie au Colonel, dix rations de Cavalerie au Lieutenant-colonel, lesquels ne doivent point avoir de compagnie ; huit rations de Cavalerie au Major, quatre rations de Cavalerie à l'Aide-major de Cavalerie, trois rations d'Infanterie à l'Aide-major d'Infanterie, & une ration d'Infanterie à chacun des Aumônier & Chirurgien.

Compagnies de Fusiliers.

Compagnies de Cavalerie.

État-major des Volontaires de Clermont-Prince.

État-major de Volontaires-Liégeois.

Les Officiers des Volontaires-étrangers de Vignolles, recevront le fourrage sur le pied par jour, de quatre rations à chaque Capitaine, & deux rations à chacun des Lieutenant & Lieutenant en second, tant de Grenadiers que de Fusiliers : Et pour l'État-major, dix rations au Colonel, sept à chacun des deux Lieutenans-colonels, lesquels ne doivent point avoir de compagnie ; cinq rations au Major, trois à l'Aide-major, deux au Sous-aide-major, & une à l'Aumônier.

Volontaires étrangers de Vignolles.

Compagnies.

État-major.

RÉGIMENT ROYAL-CANTABRES.

Fourrage.
Compagnies.
État-major.

CHASSEURS de FISCHER.
Fourrage.
Compagnies à pied.
Compagnies à cheval.

État-major.

Compagnie de Fusiliers-guides.

LES Officiers du régiment Royal-Cantabres, recevront le fourrage fur le pied par jour, de quatre rations à chaque Capitaine, tant de Grenadiers que de Fufiliers, & deux à chacun des Lieutenans & Lieutenans en fecond : Et pour l'État-major, dix rations au Colonel, fept au Lieutenant-colonel, lefquels n'ont point de compagnie ; cinq rations au Major, trois à l'Aide-major, & une à l'Aumônier.

LES Officiers du corps de Chaffeurs de Fifcher, recevront le fourrage fur le pied par jour, de trois rations d'Infanterie au Capitaine en fecond de chacune des compagnies à pied, & deux rations au Lieutenant & Sous-lieutenant ; pour les compagnies à cheval, quatre rations à chaque premier Capitaine en fecond, trois rations à chaque fecond Capitaine en fecond, deux rations à chacun des premier & fecond Lieutenans, & une ration à chaque Maréchal-des-logis ; lefquelles rations de fourrage defdites compagnies à cheval, doivent être de Cavalerie : Et pour l'État-major, douze rations, auffi de Cavalerie, au Commandant du corps, tant en fadite qualité de Commandant, que comme Capitaine en premier des compagnies à pied & à cheval ; dix rations de Cavalerie au Lieutenant-colonel fans compagnie, huit rations de Cavalerie au Major, trois rations d'Infanterie à l'Aide-major des compagnies à pied, quatre rations de Cavalerie à l'Aide-major des compagnies à cheval, & une ration d'Infanterie à chacun des Aumônier, Chirurgien & Prevôt.

LES Officiers de la compagnie des Fufiliers-guides, compofée de vingt-cinq hommes, dont treize à pied & douze à cheval, recevront le fourrage fur le pied de quatre rations de Cavalerie au Capitaine, deux à chacun des Lieutenant & Lieutenant en fecond.

Sa Majefté

Sa Majefté ordonne que lefdites fournitures de fourrage foient régulièrement faites à la Gendarmerie, à
la Cavalerie, aux Carabiniers, Huffards, Dragons &
Troupes légères à cheval, pour la nourriture des chevaux de brigades & de compagnies ; & dans le cas de
guerre, comme il eft dit ci-deffus, aux Officiers, tant
de ces corps, que de ceux d'Infanterie, à commencer
de l'époque qu'Elle fixera pour le fourrage d'hiver defdits
Officiers.

A l'égard des régimens en quartier dans les provinces
& généralités du royaume, auxquels Sa Majefté a laiffé la
difpofition des fourrages, fon intention eft qu'après l'expi-
ration des cent cinquante jours du quartier d'hiver, les
places de fourrage leur foient payées fans aucun bénéfice.

L'intention de Sa Majefté étant que les Officiers de
fa Cavalerie, Huffards & Dragons, & des Troupes légères, foient montés en tout temps, & qu'ils n'aient aucun
prétexte pour s'en difpenfer, Elle veut qu'il foit fourni
une ration de fourrage à chacun defdits Officiers des
régimens, qui ne font point employés aux Armées, &
qui font dans le Royaume, ou auxquels il ne devra pas
être délivré de fourrage par des raifons particulières ;
favoir, une ration de fourrage à chacun des Officiers en
pied ou réformés, affujétis aux revûes, des régimens de
Cavalerie, Carabiniers, Huffards & Dragons, & aux
Maréchaux-des-logis defdites troupes, ainfi qu'aux Officiers de l'État-major, à l'exception feulement des Aumôniers & Chirurgiens.

Et à chacun des Officiers de Cavalerie & Dragons,
des corps de Troupes légères, y compris pareillement les
Maréchaux-des-logis & les Officiers des États-majors,

R

excepté l'Aide-major, qui se trouvera désigné nommément pour le service de l'Infanterie, & les Aumôniers & Chirurgiens desdits corps, ainsi que la Prevôté, lesquels ne doivent point en avoir.

L'intention de Sa Majesté est aussi, qu'il soit fourni une ration de fourrage par jour aux Maréchaux-des-logis des seize compagnies de sa Gendarmerie, ainsi qu'aux Majors, Aides-majors & Sous-aides-majors, lorsque ledit Corps ne sera point aux Armées, & que les Officiers n'auront point de fourrage.

Veut Sa Majesté qu'il ne soit délivré aucune ration de fourrage aux Officiers de Gendarmerie, Cavalerie, Carabiniers, Hussards, Dragons & d'Infanterie, qui ne se trouveront pas présens aux revûes, à moins qu'ils ne soient de semestre, ou n'aient un congé par écrit de Sa Majesté, contre-signé du Secrétaire d'État de la guerre : auxquels Officiers absens par semestre, congé, ou ceux qui obtiendront des reliefs, il ne sera fourni que la moitié des fourrages qu'ils auroient s'ils avoient été présens ; à l'exception des Colonels, Mestres-de-camp, Lieutenans-colonels, en pied ou réformés, Commandans de bataillon & Majors des régimens, qui auront leurs fourrages en entier, lorsqu'ils se feront absentés par congé, ou sur les reliefs qui seront accordés à ceux qui n'auront pas eu de congé.

Entend Sa Majesté que le décompte de la ration de fourrage qu'Elle accorde aux Officiers de ses troupes de Cavalerie, Hussards, Dragons & Troupes légères, pour la nourriture d'un cheval de monture, soit fait en entier à ceux desdits Officiers qui se feront absentés par semestre, congé, ou qui obtiendront des reliefs.

Défend très-expressément Sa Majesté auxdits Officiers,

Gendarmes, Chevaux-légers, Cavaliers, Carabiniers, Huſſards & Dragons, d'exiger des Gardes-magaſins & Entrepreneurs de la fourniture des fourrages, une plus grande
quantité de rations que celle marquée ci-deſſus; & auxdits
Officiers, ſoit de Gendarmerie, ſoit de Cavalerie, de Carabiniers, de Huſſards & de Dragons, de rien diminuer
ſur les rations ci-deſſus ordonnées pour la ſubſiſtance du
cheval du Gendarme, Chevau-léger, Cavalier, Carabinier,
Huſſard & Dragon, pour le donner à leurs chevaux, ou
pour le convertir en argent; à peine auxdits Officiers d'être
caſſés & privés de leurs charges, & aux Gendarmes,
Chevaux-légers, Cavaliers, Carabiniers, Huſſards &
Dragons, de la vie.

Défend auſſi Sa Majeſté aux Gardes-magaſins & Entrepreneurs, de convertir aucune deſdites rations de fourrage
en argent, à moins que leſdits Gardes-magaſins & Entrepreneurs n'en aient ordre par écrit des Intendans, à peine
de la vie; & aux Officiers, Gendarmes, Chevaux-légers,
Cavaliers, Carabiniers, Huſſards & Dragons, d'entrer avec
eux en aucune compoſition là-deſſus, à peine aux Officiers
d'être caſſés, & aux Gendarmes, Chevaux-légers, Cavaliers,
Carabiniers, Huſſards & Dragons, des galères.

Fait en outre Sa Majeſté très-expreſſes défenſes auxdits
Officiers, Gendarmes, Chevaux-légers, Cavaliers, Carabiniers, Huſſards & Dragons, de vendre aucun fourrage,
& aux habitans des villes & lieux où ils ſeront logés, &
des environs, d'en acheter d'eux, ſur les mêmes peines
auxdits Officiers, d'être caſſés; & aux Gendarmes, Chevaux-
légers, Cavaliers, Carabiniers, Huſſards & Dragons, des
galères; & ſur peine auxdits habitans, de trois cens livres
d'amende. Ordonne Sa Majeſté aux Commiſſaires des

guerres, employés à la police de fes troupes, de délivrer auxdits Gardes-magafins ou Entrepreneurs, des extraits des revûes qu'ils en feront ; & auxdits Gardes-magafins & Entrepreneurs, de ne fournir de fourrage à chaque compagnie, que fur le pied qu'ils verront par lefdits extraits qu'elle aura paffé à la revûe qui en aura été faite, & qu'il n'en foit fourni à aucun des Officiers qui ne feront point compris pour préfens dans lefdits extraits, fur lef- quels ils compteront des fournitures qu'ils auront faites ; fe conformant à ce qui eft dit ci-deffus pour les Officiers qui feront abfens par femeftre, fur des congés de Sa Majefté, ou qui obtiendront des reliefs, aux équipages defquels il fera fourni du fourrage, comme il eft ci-deffus ordonné.

USTENSILE.

LES troupes qui fervent dans les Armées, continueront de recevoir l'uftenfile pendant le quartier d'hiver, fur le pied réglé ci-après, en vertu des ordres particuliers que Sa Majefté en fera expédier, favoir ;

Uftenfile de l'Infanterie françoife.

Chaque compagnie d'Infanterie françoife, à raifon de douze cens livres pour l'uftenfile entier, & de fix cens livres pour celles qui n'auront que le demi-uftenfile, fur

Compagnies. quoi il fera retenu aux compagnies qui recevront douze cens livres, favoir, quatre-vingt-dix livres pour l'uftenfile du Lieutenant ; foixante livres pour chaque Sous-lieutenant & Enfeigne, & quinze livres pour l'Aide-major du batail- lon ; & par rapport à la retenue qui fera pareillement faite fur les compagnies qui n'auront que les fix cens livres de demi-uftenfile, elle fera de quarante-cinq livres pour chaque Lieutenant, de trente livres pour chaque Sous-

133

lieutenant & Enseigne, & de sept livres dix sols pour l'Aide-major du bataillon; le restant à chaque compagnie, à la réserve de cent cinquante livres dont il sera parlé ci-après, sera payé au Capitaine pour rendre sa compagnie complète, en état de bien servir, & fournir des tentes à ses Soldats pendant la campagne suivante.

A l'égard des compagnies des autres corps d'Infanterie qui auront l'ustensile, & dont la composition est différente, cet ustensile sera réglé, en proportion de celui ci-dessus de l'Infanterie françoise, par les états que Sa Majesté en fera expédier.

Les Colonels, Lieutenans-colonels & Commandans de bataillon n'ayant plus de compagnie, tant de l'Infanterie françoise, que des autres troupes qui auront l'ustensile, Sa Majesté voulant bien avoir égard aux dépenses indispensables & particulières qu'ils feront pendant la campagne, Elle ordonne qu'il leur soit payé, à titre d'ustensile, savoir, à chaque Colonel ou Colonel en second, six cens livres; à chaque Lieutenant-colonel, quatre cens livres; à chaque Commandant de bataillon, sans compagnie, trois cens livres; & quatre cens cinquante livres au Major: Et lorsque les régimens auxquels ces Officiers sont attachés, ne recevront que le demi-ustensile, il ne leur sera payé que la moitié du traitement ci-dessus réglé.

Ustensile des Officiers de l'État-major des régimens.

Comme il est de règle de tous les temps, pendant la guerre, de faire retenir par le Trésorier général de l'Extraordinaire des guerres, sur l'ustensile des Capitaines des troupes d'Infanterie, une somme de cent cinquante livres, pour leur être conservée & délivrée pendant la campagne suivante, cette somme de cent cinquante livres leur sera payée à l'armée, à raison de vingt-cinq livres par mois,

Retenue sur l'ustensile des Officiers des compagnies d'Infanterie.

pendant les mois de mai, juin, juillet, août, septembre & octobre.

Et à l'égard de ce que les Lieutenans, Sous-lieutenans & Enseignes doivent toucher dans l'ustensile des compagnies où ils sont attachés, comme il est détaillé ci-dessus, ils en seront payés par égale portion, dans chacun des mois de mai, juin, juillet, août, septembre & octobre.

Il sera pareillement retenu cent cinquante livres sur l'ustensile de chacun des Colonel, Lieutenant-colonel, Commandant de bataillon & Major de l'Infanterie, & quatre-vingt-dix livres sur l'ustensile des Aides-majors, qui leur seront payés aussi par égale portion pendant les mois de campagne.

Officiers réformés d'Infanterie. Les Officiers réformés d'Infanterie avec appointemens, qui serviront à la suite desdits régimens pendant la campagne, recevront l'ustensile sur le pied, savoir, de deux cens soixante-dix livres à chaque Colonel, cent quatre-vingt livres à chaque Lieutenant-colonel, quatre-vingt-dix livres à chaque Capitaine, & trente livres à chaque Lieutenant.

USTENSILE DE LA GENDARMERIE.

GENDARMERIE. Dix compagnies de Gendarmes. CHACUNE des dix compagnies de Gendarmes de la Gendarmerie, qui auront servi la campagne, recevra pendant les cent cinquante jours du quartier d'hiver suivant, quatre-vingt-neuf places d'ustensile par jour, lesquelles seront distribuées (les grands Officiers n'en devant point avoir), savoir, trois places à chacun des quatre Maréchaux-des-logis qu'il y a en chaque compagnie, dont une de supplément; & les soixante-dix-sept autres places seront pour les deux Brigadiers, les deux Sous-brigadiers, le

Porte-étendard, les foixante-dix Gendarmes & les deux Trompettes.

Chacune des fix compagnies de Chevaux-légers de la Gendarmerie, recevra auffi, pendant lefdits cent cinquante jours, cent neuf places d'uftenfile par jour, le Capitaine-lieutenant en ayant dix; le Sous-lieutenant, quatre; chacun des premier & fecond Cornette, trois; chacun des quatre Maréchaux-des-logis, deux places, & une de fupplément à chacun defdits Maréchaux-des-logis ; & les foixante-dix-fept autres places feront pour les deux Brigadiers, les deux Sous-brigadiers, le Porte-étendard, les foixante-dix Chevaux-légers & les deux Trompettes.

Six compagnies de Chevaux-légers.

Les huit Timbaliers qui fervent dans les feize compagnies de ladite Gendarmerie, à raifon d'un pour deux compagnies, recevront, auffi par jour, une place d'uftenfile pendant lefdits cent cinquante jours.

Timbaliers de la Gendarmerie.

CAVALERIE FRANÇOISE ET ÉTRANGÉRE, CARABINIERS, HUSSARDS & DRAGONS.

CHAQUE compagnie des régimens de Cavalerie françoife & étrangère, de Carabiniers, de Huffards & de Dragons, qui ferviront dans les Armées, recevra l'uftenfile pendant les cent cinquante jours du quartier d'hiver, fur le pied par jour, de huit places au Capitaine, dont deux de fupplément; fix places à chaque Lieutenant, dont deux de fupplément; fix places au Sous-lieutenant qui eft dans chacune des compagnies Colonelle du Colonel général de la Cavalerie, & du Colonel général des Dragons, dont deux de fupplément; quatre places à chaque Cornette, dont une de fupplément; trois à chaque Maréchal-des-logis, dont une de fupplément;

CAVALERIE & DRAGONS. Compagnies.

& une à chaque Brigadier, Cavalier, Carabinier, Volontaire, Huffard, Dragon, Trompette, Timbalier & Tambour, conformément aux états que Sa Majefté en fera expédier : obfervant que ces places attribuées aux Gendarmes & Chevaux-légers de la Gendarmerie, aux Cavaliers, Carabiniers, Huffards, Dragons, Trompettes, Timbaliers & Tambours, doivent être payées au Capitaine, pour être employées au rétabliffement & entretenement de fa compagnie, & la mettre en état de fervir en campagne; à la réferve de deux fols par place de Gendarme, Chevau-léger, Cavalier, Carabinier, Huffard, Dragon, Trompette, Timbalier & Tambour pendant les cent cinquante jours du quartier d'hiver, qui doivent être retenus par le Tréforier général de l'Extraordinaire des guerres, pour être par lui remis au Major ou Aide-major, pour leur être délivrés pendant la campagne fuivante, ainfi qu'il fera dit ci-après.

États-majors.   Et pour chaque État-major de Cavalerie, Carabiniers, Huffards & Dragons, il fera payé fix places d'uftenfile par jour à chacun des Meftres-de-camp à qui Sa Majefté a confervé les compagnies, ainfi qu'à chaque chef de brigade des Carabiniers, outre les places qu'ils reçoivent comme Capitaines; quatre places à chaque Lieutenant-colonel des brigades dudit régiment des Carabiniers, & des régimens Royal-Allemand, Wirtemberg & de Naffau-Saarbruck, auxquels Sa Majefté a pareillement confervé les compagnies, indépendamment des places qui leur font attribuées comme Capitaines; douze places à chaque Meftre-de-camp fans compagnie, dix places à chaque Lieutenant-colonel, auffi fans compagnie; huit places au Lieutenant-colonel en fecond, qui eft en chacun des

deux

deux régimens de Huſſards; ſix places à chaque Major, quatre à chaque Aide-major, même au ſecond Aide-major de Dragons; une place à chacun des Aumônier & Chirurgien dans la Cavalerie, & une place à l'Aumônier dans les Dragons.

Deux places au Maréchal-des-logis de l'État-major du régiment Royal-Allemand, deux au Prevôt, une à ſon Lieutenant, & une à chacun des Greffier, quatre Archers & un Exécuteur. *ROYAL-ALLEMAND. Prevôté.*

Une place à l'Auditeur dans l'État-major du régiment de Wirtemberg, & une à chacun des Greffier, trois Archers & un Exécuteur. *WIRTEMBERG. Prevôté.*

Et deux places au Prevôt qui eſt dans l'État-major du régiment de Royal-Naſſau. *ROYAL-NASSAU. Prevôté.*

A l'égard des Officiers réformés à la ſuite des régimens de Cavalerie françoiſe & étrangère, de Huſſards & de Dragons, qui y ſerviront la campagne, Sa Majeſté ordonne que l'uſtenſile leur ſoit payé pendant les cent cinquante jours du quartier d'hiver ſuivant, ſur le pied de ſix places par jour à chaque Meſtre-de-camp, cinq à chaque Lieutenant-colonel, quatre à chaque Capitaine, & deux à chaque Lieutenant. *Officiers réformés de Cavalerie & de Dragons.*

VEUT Sa Majeſté que les places de l'uſtenſile perſonnel des Officiers des troupes de la Gendarmerie, Cavalerie, Carabiniers, Huſſards & de Dragons, leur ſoient payées ainſi qu'il eſt expliqué ci-après, ſur le pied de douze ſols chacune pour l'uſtenſile entier, & de ſix ſols pour le demi-uſtenſile; & de onze ſols par place de Gendarme, Chevau-léger, Cavalier, Carabinier, Huſſard & Dragon, pour les compagnies qui auront l'uſtenſile entier; & cinq ſols ſix deniers pour celles qui n'auront que le demi- *Prix des places d'uſtenſile.*

uſtenſile : ſur chacune deſquelles places de onze ſols d'uſtenſile entier, & de cinq ſols ſix deniers de demi-uſtenſile, le Tréſorier général de l'Extraordinaire des guerres retiendra en ſes mains deux ſols par jour pendant les cent cinquante jours du quartier d'hiver, qui feront

Retenue pour l'écu de campagne.

la ſomme de quinze livres pour chaque Brigadier, Sous-brigadier, Gendarme, Chevau-léger, Cavalier, Carabinier, Huſſard, Dragon, Trompette, Timbalier & Tambour; laquelle retenue ſera remiſe au commencement & pendant la campagne au Major, ou en ſon abſence à l'Aide-

Diſtribution de l'écu de campagne.

major de chaque corps, qui la délivrera manuellement à chaque Brigadier, Sous-Brigadier, Gendarme, Chevau-léger, Cavalier, Carabinier, Huſſard, Dragon, Trompette, Timbalier & Tambour, en cinq payemens égaux d'un écu de ſoixante ſols chacun, au 10 des mois de juin, juillet, août, ſeptembre & octobre de ladite campagne; au moyen de quoi, le Capitaine qui recevra l'uſtenſile entier ne touchera que neuf ſols par place de ſa troupe; & celui qui n'aura que le demi-uſtenſile, trois ſols ſix deniers auſſi par place.

Au moyen deſquels payemens ci-deſſus de l'écu de campagne & du ſurplus de l'uſtenſile, leſdits Cavaliers, Carabiniers, Huſſards & Dragons, feront obligés de s'entretenir de linge, culotte, bas & ſouliers, & d'entretenir leurs chevaux de ferrage, de tenir leurs armes nettes & d'y faire les menues réparations, en ſorte qu'elles ſoient en bon état. Entend Sa Majeſté que ſi ces armes venoient à être en un état à ne pouvoir plus ſervir, ſans que ce ſoit par la faute du Cavalier ou du Dragon, & qu'il ſoit néceſſaire de les changer, le Capitaine en faſſe la dépenſe; & qu'au ſurplus chaque Capitaine entretienne chaque

Carabinier, Cavalier, Huffard & Dragon, de cheval,
houffe, felle, harnois, bride, habillement, manteau,
chapeau, bottes & armes.

Sa Majefté ayant réglé que le payement de l'uftenfile perfonnel des Officiers de la Gendarmerie & des régimens de Cavalerie, Carabiniers, Huffards & Dragons, fera fait, en plus grande partie, pendant le quartier d'hiver, & le reftant pendant la campagne, Elle ordonne que la diftribution de ce payement fera exécutée de la manière expliquée, favoir: *Règlement pour le payement de l'uftenfile pendant l'hiver & la campagne.*

GENDARMERIE, COMPAGNIE DE CHEVAUX-LÉGERS.

Le Capitaine-lieutenant, qui a dix places d'uftenfile, en recevra huit pendant les cinq mois d'hiver, & deux pendant les fix mois de campagne, à raifon de trente livres par mois.

Le Sous-lieutenant qui a quatre places, en recevra trois pendant l'hiver, & une pendant la campagne, à raifon de quinze livres par mois.

Le Cornette qui a trois places, en recevra deux pendant l'hiver, & une pendant la campagne, à raifon de quinze livres par mois.

Le Maréchal-des-logis qui a trois places, en recevra deux & demie pendant l'hiver, & une demie pendant la campagne, à raifon de fept livres dix fols par mois.

L'uftenfile des Maréchaux-des-logis des compagnies de Gendarmes, fera payé fur le même pied de ceux des compagnies de Chevaux-légers.

CAVALERIE FRANÇOISE et ÉTRANGÉRE,
CARABINIERS, HUSSARDS & DRAGONS.

Compagnies. LE Capitaine qui a huit places d'uftenfile, en recevra fix pendant les cent cinquante jours du quartier d'hiver, & deux pendant la campagne, à raifon de trente livres par mois.

Le Lieutenant qui a fix places, en recevra quatre pendant l'hiver, & deux en campagne, à raifon de quinze livres par mois.

Le Cornette qui a quatre places, en recevra trois pendant l'hiver, & une en campagne, à raifon de quinze livres par mois.

Le Maréchal-des-logis qui a trois places, en recevra deux & demie pendant l'hiver, & une demie en campagne, à raifon de fept livres dix fols par mois.

ÉTAT-MAJOR DES RÉGIMENS DE CAVALERIE
FRANÇOISE ET ÉTRANGÈRE, DE CARABINIERS,
HUSSARDS ET DRAGONS.

LE Meftre-de-camp qui a confervé fa compagnie, & qui jouit de fix places d'uftenfile en ladite qualité de Meftre-de-camp, indépendamment de celles qui lui font attribuées comme Capitaine, recevra les fix places d'uftenfile pendant les cinq mois d'hiver.

Le Meftre-de-camp fans compagnie, & qui jouit de douze places d'uftenfile, recevra dix places en hiver, & deux en campagne, à raifon de trente livres par mois.

Le Lieutenant-colonel fans compagnie, qui a dix places d'huftenfile, recevra huit places pendant l'hiver, & deux en campagne, à raifon de trente livres par mois.

Le Lieutenant-colonel qui a confervé fa compagnie, & qui a quatre places d'uftenfile, indépendamment de celles qui lui font attribuées comme Capitaine, recevra ces quatre places pendant l'hiver.

Le Major qui a fix places, en recevra quatre pendant l'hiver, & deux en campagne, à raifon de trente livres par mois.

L'Aide-major qui a quatre places, en recevra trois pendant l'hiver, & une en campagne, à raifon de quinze livres par mois.

A l'égard des Officiers réformés, tant d'Infanterie que de Cavalerie, Huffards & Dragons, & des Aumôniers, Chirurgiens & Prevôté, ils recevront pareillement une partie de leur uftenfile pendant l'hiver, & le reftant en campagne, ainfi qu'il fera expliqué par l'ordonnance de folde de campagne.

Quant aux Troupes légères, tant d'Infanterie que de Cavalerie, elles continueront de recevoir, comme par le paffé, la totalité de leur uftenfile pendant l'hiver, même les places d'augmentation dont elles doivent jouir comme les Troupes à cheval.

Au moyen des payemens qui feront ainfi faits aux troupes d'Infanterie, de Cavalerie, de Carabiniers, de Huffards & de Dragons, les Officiers feront obligés de les mettre en état de fervir dans le courant des mois de mai & juin prochains; & Sa Majefté ordonne qu'il foit retenu cent cinquante livres fur l'uftenfile des Capitaines de Fufi-liers, dont les compagnies pafferont au nombre ci-après à la revûe qui fera faite pour ces deux mois, favoir;

Retenue fur l'uftenfile pour le non-complet des compagnies.

Infanterie.

Celles des bataillons d'Infanterie françoife, à trente-quatre hommes & au deffous.

Celles des fix brigades du régiment Royal-Artillerie, à quatre-vingts hommes & au deffous.

Celles de Sappeurs , à cinquante hommes & au deffous.

Celles d'Ouvriers, à cinquante hommes & au deffous.

De laquelle retenue lefdits Capitaines ne pourront avoir la main-levée par les Infpecteurs ou ceux qui pourront être commis pour en faire les fonctions en leur abfence, qu'après que leurs compagnies auront paffé à la revûe des Commiffaires des guerres, des mois de juillet & août, favoir ;

Celles des bataillons d'Infanterie françoife , à trente-huit, trente-neuf ou quarante hommes.

Celles des fix brigades du régiment Royal-Artillerie, de quatre-vingt-dix à cent hommes.

Celles de Sappeurs , de cinquante-fix à foixante hommes.

Celles d'Ouvriers, de cinquante-fix à foixante hommes.

Cavalerie, Carabiniers, Huffards & Dragons. Veut auffi Sa Majefté qu'au moyen defdits payemens, les Officiers de fes troupes de Cavalerie, de Carabiniers, de Huffards & de Dragons , foient obligés de même de les mettre en état de fervir dans le courant des mois de mai & juin prochains ; & que s'il arrive qu'une compagnie ne fe trouve pas complète , montée, armée & équipée comme il convient, à la revûe qui en fera faite pour lefdits deux mois , par les Commiffaires ordinaires des guerres, avec les Infpecteurs généraux où il s'en trouvera, il foit retenu un mois d'uftenfile, tant des places attribuées à la perfonne du Capitaine, que celles des Cavaliers, Carabiniers, Huffards & Dragons, en ce non

compris l'écu de campagne qui doit être toûjours dif-
tribué aux Cavaliers, Carabiniers, Huffards & Dragons,
fans pouvoir être retenu fous quelque prétexte que ce
foit ; de laquelle retenue il ne pourra avoir la main-levée
par les Infpecteurs ou ceux qui pourront être commis
pour en faire les fonctions en leur abfence, qu'après la
revûe du Commiffaire des guerres, des mois de juillet
& août fuivans, & que fa compagnie y aura paffé complète d'hommes & de chevaux, & en état de bien
fervir.

Ordonne Sa Majefté aux Commiffaires des guerres
qui feront chargés de la police de fes Troupes, qu'après
qu'ils auront fait leurs revûes de mai & juin, avec les
Infpecteurs généraux où il s'en trouvera, ils aient à in-
former auffi-tôt les Intendans dans les départemens defquels il feront, des compagnies qui à cette revûe ne fe
trouveront pas complètes & en bon état, afin qu'ils
faffent faire les retenues fur l'uftenfile, ainfi qu'il eft expliqué dans les deux articles précédens, aux Capitaines
d'Infanterie, de Cavalerie, de Carabiniers, de Huffards
& de Dragons : Entend auffi Sa Majefté que lefdits
Commiffaires des guerres & Infpecteurs généraux où il
s'en trouvera, déclarent en même temps de fa part aux
Capitaines, que ceux qui à la revûe qui fe fera des
Troupes pour les mois de juillet & août, n'auront pas
leur compagnie complète & de tout point en état de
fervir, telle raifon qu'ils puiffent avoir, feront caffés &
mis en prifon, jufqu'à ce qu'ils aient reftitué tout ce
qu'ils auront reçû d'uftenfile pendant l'hiver, fans avoir
égard aux dépenfes qu'ils auront faites à leur compagnie :
Déclarant Sa Majefté aux Colonels, Meftres-de-camp &

Lieutenans-colonels des régimens dans lesquels il se trouvera de mauvaises compagnies, qu'Elle les en rendra responsables en leur nom, comme ayant négligé de prendre le soin qu'ils doivent avoir que les Capitaines travaillent utilement à leur rétablissement.

XVII.

DÉCOMPTE DES TROUPES
d'Infanterie en marche; & Supplément de solde en route.

SA MAJESTÉ voulant accélérer le payement du décompte accordé ci-devant à quelques-unes de ses Troupes lorsqu'elles marchent par étape, son intention est, qu'à leur arrivée aux lieux de leur destination, ledit décompte leur soit fait sur le pied du traitement réglé ci-après.

Colonels & Commandans de bataillons. Mestres-de-camp de Cavalerie, Hussards & Dragons.

Les Colonels & Commandans de bataillons d'Infanterie françoise, les Mestres-de-camp de Cavalerie, de Hussards & de Dragons, n'ayant plus de compagnie, continueront à recevoir l'étape sur le même pied, & pour le même nombre de rations qu'ils avoient précédemment, tant en leursdites qualités qu'en celle de Capitaines.

Lieutenans-colonels d'Infanterie & de Cavalerie Françoise, Hussards & Dragons.

Les Lieutenans-colonels des régimens d'Infanterie & de Cavalerie françoise, celui de Filtzjames, ceux de Hussards & de Dragons, qui n'ont point de compagnie, seront payés de leurs appointemens pendant le temps de la route, & ne seront point assujétis à recevoir l'étape; mais dans le cas qu'ils voudroient en prendre, ils la payeront à l'Étapier sur le pied du prix réglé par son marché, en observant de ne point excéder les quantités qui leur ont été réglées par l'ordonnance du 13 juillet 1727, tant en qualité en qualité de Lieutenans-colonels que de Capitaines.

Les brigades du Corps royal de l'Artillerie n'auront point de folde pendant le temps qu'ils feront en route & recevront l'étape ; il leur fera feulement donné le fupplément de folde ci-après.

Brigades du Corps royal de l'Artillerie.

A chaque Capitaine en pied, trois livres onze fols dix deniers par jour	3.ˡ 11.ˢ 10.ᵈ			
A chaque Capitaine en fecond, feize fols huit deniers.	0. 16. 8.			
A chaque Lieutenant en pied, quinze fols . . .	0. 15. 0.			
A chaque Lieutenant en fecond, dix fols . . .	0. 10. 0.			

Officiers des compagnies d'Ouvriers, Canonniers & Bombardiers.

A chaque Sergent ou Maîtres-ouvriers, huit fols dix deniers.	0. 8. 10.
A chaque Caporal, neuf fols huit deniers . .	0. 9. 8.
A chaque Anfpeffade, huit fols huit deniers .	0. 8. 8.
A chaque Ouvrier, huit fols huit deniers . . .	0. 8. 8.
A chaque Apprentif, trois fols huit deniers . .	0. 3. 8.
A chaque Tambour, trois fols deux deniers .	0. 3. 2.

Ouvriers.

A chaque Sergent, huit fols dix deniers	0. 8. 10.
A chaque Caporal, fix fols deux deniers	0. 6. 2.
A chaque Anfpeffade, quatre fols deux deniers.	0. 4. 2.
A chacun des premiers Canonniers, trois fols deux deniers.	0. 3. 2.
A chacun des feconds Canonniers, un fol huit deniers	0. 1. 8.
A chacun des troifièmes Canonniers, huit deniers.	0. 0. 8.
A chaque Tambour, trois fols deux deniers. .	0. 3. 2.

Canonniers.

		l.	s.	d.
	A chaque Sergent, huit fols dix deniers.	0.	8.	10.
	A chaque Caporal, fix fols huit deniers . . .	0.	6.	8.
	A chaque Anfpeffade, cinq fols huit deniers. .	0.	5.	8.
	A chacun des premiers Artificiers-Bombar-diers, quatre fols huit deniers	0.	4.	8.
Bombardiers.	A chacun des feconds, quatre fols huit deniers.	0.	4.	8.
	A chacun des troifièmes, trois fols huit deniers.	0.	3.	8.
	A chacun des premiers Bombardiers, trois fols deux deniers.	0.	3.	2.
	A chacun des feconds, un fol huit deniers. . .	0.	1.	8.
	A chacun des troifièmes, huit deniers.	0.	0.	8.
	A chaque Tambour, trois fols deux deniers .	0.	3.	2.

		l.	s.	d.
	Au Chef de brigade n'ayant pas de compa-gnie, onze livres par jour pour fon fupplément de folde, tant en ladite qualité, que pour lui tenir lieu de celle de Capitaine	11.	0.	0.
	Au Colonel, n'ayant pas de compagnie, huit livres par jour pour fon fupplément de folde, tant en ladite qualité, que pour lui tenir lieu de celle de Capitaine	8.	0.	0.
État-major des brigades du Corps royal de l'Artillerie.	Au Lieutenant-colonel n'ayant plus de compa-gnie, fix livres, tant en ladite qualité, que pour lui tenir lieu de celle de Capitaine	6.	0.	0.
	Au Major, cinq livres	5.	0.	0.
	A l'Aide-major, quatre livres	4.	0.	0.
	Au Sous-aide-major, quinze fols	0.	15.	0.
	Au Garçon-major, dix fols	0.	10.	0.
	A l'Aumônier, fept fols dix deniers.	0.	7.	10.
	Au Chirurgien, treize fols quatre deniers . .	0.	13.	4.

Sappeurs & Mineurs.

Les compagnies de Sappeurs & de Mineurs, n'auront

pareillement pas de folde pendant le temps qu'elles feront en route & recevront l'étape, il leur fera feulement donné le fupplément de folde ci-après, favoir:

A chaque Capitaine en pied des compagnies de Sappeurs, trois livres onze fols dix deniers. .	3.^{l}	11.^{f}	10.^{d}	
A chaque Lieutenant en premier, quinze fols .	0.	15.	0.	
A chaque Lieutenant en fecond, dix fols . . .	0.	10.	0.	
A chaque Sergent, huit fols dix deniers	0.	8.	10.	
A chaque Caporal, fix fols deux deniers. . . .	0.	6.	2.	*Sappeurs.*
A chaqué Anfpeffade, quatre fols deux deniers.	0.	4.	2.	
A chacun des premiers Sappeurs, trois fols deux deniers	0.	3.	2.	
A chacun des feconds Sappeurs, un fol huit deniers	0.	1.	8.	
A chaque Tambour, trois fols deux deniers. .	0.	3.	2.	
A chaque Capitaine des compagnies de Mineurs, trois livres onze fols dix deniers par jour . .	3.	11.	10.	
A chaque Capitaine en fecond, feize fols huit deniers	0.	16.	8.	
A chaque premier Lieutenant, quinze fols . . .	0.	15.	0.	
A chaque Lieutenant en fecond, dix fols . . .	0.	10.	0.	
A chaque Sergent, huit fols dix deniers. . . .	0.	8.	10.	*Mineurs.*
A chaque Caporal, fix fols deux deniers . . .	0.	6.	2.	
A chaque Anfpeffade, quatre fols deux deniers .	0.	4.	2.	
A chaque Mineur, quatre fols deux deniers . .	0.	4.	2.	
A chaque Apprentif, huit deniers.	0.	0.	8.	
A chaque Tambour, trois fols deux deniers . . .	0.	3.	2.	

Entend Sa Majefté que le décompte du linge & chauffure, fur le pied de feize deniers par jour à chaque *Décompte du linge & chauf- fure.*

Sergent & Maître-ouvrier, & de huit deniers à chaque
Haute-paye, Soldat & Tambour des brigades du Corps
royal de l'Artillerie, ainsi qu'aux compagnies de Sappeurs
& de Mineurs, leur soit fait, comme ci-devant, par le
Commis du Trésorier général du Corps royal de l'Artillerie & du Génie, sur ce qui leur reviendra de ce supplément de solde en route, pour le temps que ces troupes
auront été en marche.

Suisses &
Grisons.
 Sa Majesté voulant bien permettre aux régimens Suisses
& Grisons, y compris celui d'Eptingen, de nouvelle
levée, de recevoir l'étape en route, son intention est,
que dans le cas où ces régimens la prendront, elle leur
soit précomptée sur leur solde à leur arrivée aux lieux de
leur destination, par le Commis de l'Extraordinaire des
guerres, sur le pied, savoir :

A chaque Capitaine en pied, trois livres huit sols
    par jour . . . . 3.^{l} 8.^{f} 0.^{d}

A chaque Capitaine-lieutenant, une livre dix sols. 1. 10. 0.

A chaque Lieutenant, une livre cinq sols . . . . . 1. 5. 0.

A chaque Sous-lieutenant & Enseigne, une livre. 1. 0. 0.

A chaque Sergent, dix sols . . . . 0. 10. 0.

A chaque Soldat, cinq sols . . . . 0. 5. 0.

État-major.
 Les Officiers de l'État-major de chacun des régimens
Suisses & Grisons, seront payés pendant le temps de la
route, de leurs appointemens, s'ils n'ont point pris d'é-
tape, à raison de mille livres par mois en temps de paix,
& de dix-neuf cens soixante livres huit sols lorsqu'ils seront
à la paye de guerre ; & dans le cas qu'ils l'auront reçûe,
ils la payeront à l'Étapier sur le pied du prix réglé par
son marché.

Jouiront du même avantage les régimens allemands d'Alface, d'Anhaldt, la Marck, Royal-Suédois, Royal-Bavière, Lowendal, Bergh, Prince Louis de Naffau, la Dauphine, Saint-Germain, Royal-Pologne, & ceux de Boüillon, Royal-deux-Ponts, Vierzet & Horion, levés fur le pied des fix derniers régimens Allemands, auxquels il fera pareillement permis pendant le temps qu'ils feront en route, de prendre l'étape; & dans le cas où ces régimens la recevront, elle leur fera précomptée fur leur folde à leur arrivée aux lieux de leur deftination, par le Commis de l'Extraordinaire des guerres, fur le pied, favoir :

A chaque Capitaine en pied, trois livres par jour. 3.^{l} o.^{f} o.^{d}

A chaque Capitaine en fecond, une livre dix fols. 1. 10. 0.

A chaque premier & fecond Lieutenant, une livre. 1. 0. 0.

A chaque Lieutenant en fecond ou Enfeigne, quinze fols . . . . 0. 15. 0.

A chaque Sergent, dix fols . . . . 0. 10. 0.

A chaque Soldat, cinq fols . . . . 0. 5. 0.

Sera auffi permis aux Officiers de l'État-major de chacun des régimens Allemands d'Alface, d'Anhaldt, la Marck, Royal-Suédois, Royal-Bavière & Lowendal, de recevoir l'étape en route; & dans le cas qu'ils la prendront, elle leur fera précomptée fur leurs appointemens, fur le pied, favoir :

A chaque Colonel, trois livres fix fols huit deniers par jour. . . . . 3.^{l} 6.^{f} 8.^{d}

A chaque Lieutenant-colonel, une livre . . . . . 1. 0. 0.

A chaque Major, trois livres fix fols huit deniers. 3. 6. 8.

A chaque Aide-major, une livre dix fols . . . . 1. 10. 0.

A chacun des Aumônier, Chirurgien-major, Au-
diteur & Prevôt, une livre . . . . 1.^l 0.^f 0.^d

A chaque Greffier, dix fols . . . . 0. 10. 0.

A chacun des Tambour-major, Archers & Exé-
cuteur de Juftice, cinq fols . . . . 0. 5. 0.

État-major des derniers régimens Allemands. Auront pareillement la liberté les Officiers de l'État-major de chacun des autres régimens Allemands de Bergh, Prince Louis de Naffau, la Dauphine, Saint-Germain, Royal-Pologne, Boüillon, Royal-deux-Ponts, Vierzet & Horion, de recevoir pendant la marche de ces régimens, l'étape ; & dans le cas qu'ils la prendront, elle fera précomptée fur leurs appointemens, fur le pied, favoir :

A chaque Colonel, trois livres fix fols huit deniers
par jour . . . . 3.^l 6.^f 8.^d

Au Colonel en fecond du régiment de Boüillon,
deux livres . . . . 2. 0. 0.

A chaque Lieutenant-colonel, une livre . . . . . 1. 0. 0.

Au Major, trois livres fix fols huit deniers . . . 3. 6. 8.

A l'Aide-major, une livre dix fols . . . . 1. 10. 0.

Royal-Italien & Royal-Corfe. Les régimens Royal-Italien & Royal-Corfe, n'auront point de folde pendant le temps qu'ils feront en route & recevront l'étape ; il leur fera feulement donné le fupplément de folde, fur le pied, favoir :

A chaque Capitaine de Grenadiers des régimens
de Royal-Italien & Royal-Corfe, deux livres par
jour . . . . 2.^l 0.^f 0.^d

A chaque Lieutenant, une livre un fol quatre
deniers . . . . 1. 1. 4.

Compagnies de Grenadiers. A chaque Sous-lieutenant, treize fols quatre deniers. 0. 13. 4.

A chaque Sergent, cinq fols	0.^{l}	5.^{f}	0.^{d}	
A chaque Caporal, trois fols neuf deniers	0.	3.	9.	
A chaque Anfpeffade & Tambour, trois fols quatre deniers	0.	3.	4.	
A chaque Grenadier, deux fols fix deniers	0.	2.	6.	

A chaque Capitaine de Fufiliers, une livre treize fols quatre deniers	1.	13.	4.	
A chaque Capitaine en fecond, dix-huit fols	0.	18.	0.	
A chaque Lieutenant en premier, treize fols quatre deniers	0.	13.	4.	
Au Lieutenant en fecond, dix fols	0.	10.	0.	Compagnies de Fufiliers.
A chaque Sergent, quatre fols huit deniers	0.	4.	8.	
A chaque Caporal, trois fols fix deniers	0.	3.	6.	
A chaque Anfpeffade & Tambour, trois fols	0.	3.	0.	
A chaque Appointé, deux fols fix deniers	0.	2.	6.	
A chaque Fufilier, deux fols	0.	2.	0.	

A chaque Colonel, par jour, douze livres	12.	0.	0.	
Au Colonel en fecond de Royal-Corfe, trois livres dix fols	3.	10.	0.	
A chaque Lieutenant-colonel, fix livres	6.	0.	0.	
A chaque Major, fept livres	7.	0.	0.	
A chaque Interprète qui ne doit point avoir d'étape, cinq livres	5.	0.	0.	
A chaque Aide-major, une livre	1.	0.	0.	
A chaque Maréchal-des-logis, dix fols	0.	10.	0.	État-major.
A chaque Aumônier, dix-huit fols huit deniers	0.	18.	8.	
A chaque Chirurgien-major, cinq fols	0.	5.	0.	
A chaque Prevôt, treize fols quatre deniers	0.	13.	4.	
A chacun de leurs Lieutenans, dix fols	0.	10.	0.	

[A chaque Greffier, quatre fols fix deniers. : . . 0.ˡ 4.ʳ 6.ᵈ

A chaque Archer & Exécuteur de Juſtice, deux
fols huit deniers. . . . . 0. 2. 8.

A chaque Tambour-major , trois fols quatre
deniers . . . . 0. 3. 4.

Régimens Irlandois & Écoſſois. Les régimens d'Infanterie Irlandoiſe de Bulkeley, Clare, Dillon, Rothe & Berwick, & les deux d'Infanterie Écoſſoiſe, de Royal - Écoſſois & Ogilvy, n'auront point de folde pendant le temps qu'ils feront en marche & recevront l'étape ; il leur fera feulement donné le fupplément de folde ci-après.

Compagnies de Grenadiers.

A chaque Capitaine de Grenadiers, trois livres
dix fols 3.ˡ 10.ʳ 0.ᵈ

A chaque Capitaine en fecond, feize fols huit
deniers . . . . 0. 16. 8.

A chaque Lieutenant en premier, deux livres dix
fols . . . . 2. 10. 0.

A chaque Lieutenant en fecond, dix fols. . . . 0. 10. 0.

A chaque premier Sergent, huit fols . . . . . . 0. 8. 0.

A chaque fecond Sergent, quatre fols. . . . , . 0. 4. 0.

A chaque Caporal, Anfpeſſade, Grenadier &
Tambour, trois fols . . . . 0. 3. 0.

Compagnies de Fuſiliers.

A chaque Capitaine de Fuſiliers, deux livres dix
fols . . . . 2. 10. 0.

A chaque Capitaine en fecond, feize fols huit
deniers. . . . . 0. 16. 8.

A chaque Lieutenant en premier, une livre cinq
fols . . . . 1. 5. 0.

A chaque Lieutenant en fecond, dix fols. . . . 0. 10. 0.

A chaque premier Sergent, huit fols . . . . . . 0. 8. 0.

A chacun

A chacun des autres Sergens, quatre fols . . . o.^l 4.^f o.^d ⎤

A chaque Caporal, Anfpeffade, Fufilier & Tambour, trois fols . . . . o. 3. o. ⎦

A chaque Cadet, fept fols fix deniers . . . . . . o. 7. 6.   *Cadets.*

Chacun des Colonels des régimens Irlandois de Bulkeley, Clare & Dillon, & ceux de Royal-Écoffois & d'Ogilvy, auront par jour, de fupplément de folde en route, douze livres . . . 12. o. o.

Chaque Lieutenant-colonel, trois livres quinze fols . . . . 3. 15. o.

Chaque Major, quatre livres trois fols quatre deniers. . . . . 4. 3. 4.

Chaque Interprète qui ne doit point avoir d'étape, cinq livres . . . . 5. o. o.

Chaque Aide-major, une livre fix fols huit deniers 1. 6. 8.

Chaque Aumônier, une livre dix fols . . . . . . 1. 10. o.

Chaque Chirurgien, une livre . . . . 1. o. o.

Chaque Maréchal-des-logis, dix fols . . . . . . o. 10. o.

Chaque Capitaine réformé, feize fols huit deniers o. 16. 8.

Chaque Lieutenant réformé, dix fols. . . . . . o. 10. o.

Chaque Sous-lieutenant, dix fols . . . . o. 10. o.

Chaque Enfeigne, une livre un fol . . . . 1. 1. o.

État-major des régimens de Bulkeley, Clare & Dillon, & des régimens Écoffois, Royal-Écoffois & Ogilvy.

Il fera auffi payé cinq livres par jour au fecond Interprète attaché au régiment Royal-Écoffois, conformément à l'article III de l'ordonnance du 20 décembre 1748, concernant l'incorporation du régiment d'Albanie; lequel Interprète ne doit point avoir d'étape en route.

Second Interprète du régiment Royal-Écoffois.

L'État-major de chacun des deux régimens Irlandois

État-major des régimens

*de Rothe &
Berwick.*

de Rothe & Berwick, aura l'étape en route avec le supplément de solde, sur le pied, savoir :

Chaque Colonel, douze livres par jour. 12.ˡ 0.ˢ 0.ᵈ

Chaque Lieutenant-colonel, trois livres quinze sols.   3. 15. 0.

Chaque Major, quatre livres trois sols quatre deniers. . . . .   4.   3. 4.

Chaque Interprète qui ne doit point avoir d'étape, cinq livres.   5.   0. 0.

Chaque Aide-major, une livre six sols huit deniers. . . . .   1.   6. 8.

Chaque Aumônier, une livre dix sols. . . . . . .   1. 10. 0.

Chaque Chirurgien, une livre. . . . .   1.   0. 0.

Chaque Maréchal-des-logis & au Prevôt, chacun cinq sols. . . . .   0.   5. 0.

Chacun des cinq Archers & à l'Exécuteur de Justice, chacun un sol. . . . .   0.   1. 0.

*Compagnies
d'Infanterie du
régiment des Vo-
lontaires d'Al-
face, ci-devant
Béyerlé.*

L'Infanterie des compagnies du régiment des Volontaires d'Alface, ci-devant Béyerlé, ne sera point assujétie à recevoir l'étape pendant la marche; mais dans le cas qu'elle voudra la prendre, elle sera précomptée sur le pied, savoir :

A chaque Capitaine en pied, trois livres par jour.   3.ˡ 0.ˢ 0.ᵈ

A chaque Capitaine en second ou Lieutenant, une livre . . . .   1.   0. 0.

A chaque Sergent & Capitaine d'armes, dix sols.   0. 10. 0.

A chaque Soldat, cinq sols . . . .   0.   5. 0.

L'Officier-major, ou celui chargé du détail à l'arrivée de la troupe dans le lieu de sa destination, remettra au

Commis de l'Extraordinaire des guerres , & celui du Corps de Royal-Artillerie, Sappeurs & Mineurs, au Commis du Tréforier général du Corps royal de l'Artillerie, la route en original , pour qu'il puiffe former le décompte & en faire le payement , après néanmoins avoir tiré une copie exacte, tant de ladite route fur laquelle la troupe aura marché , que des revûes faites par les Maires & Échevins qui y feront infcrites , & celle du Commiffaire des guerres , qui doit être pareillement au dos de ladite route ; laquelle copie fera collationnée par un Commiffaire des guerres , ou à fon défaut par un Subdélégué de l'Intendant : Ordonne au furplus Sa Majefté que le payement du décompte ne foit fait qu'après que ladite copie aura été remife au Tréforier par l'Officier-major ou celui chargé du détail , & ledit Tréforier fera tenu de la faire paffer fur le champ au Secrétaire d'État ayant le département de la guerre.

Veut au furplus Sa Majefté que la fourniture des rations d'étape continue d'être délivrée aux troupes dénommées ci-deffus, dans la même compofition & quantités de rations réglées par l'ordonnance du 23 juillet 1727, à laquelle Elle ne prétend point déroger à cet égard.

L'intention de Sa Majefté eft que les retenue & fupplémens de folde ci-deffus réglés aux troupes d'Infanterie étrangère, continuent d'avoir leur exécution fur le pied qui leur eft fixé, & fans que les Officiers defdites troupes puiffent rien prétendre à cet égard, à l'occafion de l'augmentation qu'Elle a jugé à propos de leur accorder fur leurs appointemens & autres traitemens.

Quoique la fubfiftance des Troupes foit payée fur le

pied de trente jours également par chaque mois, sans avoir égard au 31 des mois qui en ont ce nombre, ni au 28 ou 29 de février; cependant lorsqu'elles marcheront sur leur solde le trente-unième jour d'un mois, la subsistance leur sera payée pour ledit jour; & si c'est dans le mois de février, elles ne la recevront que pour autant de jours qu'aura ce mois, ainsi qu'il en est usé pour l'étape.

Cette disposition ne doit point avoir lieu pour les Lieutenans-colonels d'Infanterie, Cavalerie, Hussards & Dragons qui doivent recevoir leurs appointemens quoiqu'en route.

X V I I I.

Logement des gens de guerre.

LES troupes d'Infanterie, Gendarmerie, Cavalerie, Carabiniers, Hussards & Dragons qui seront logées chez les habitans des villes & autres lieux, tant de la frontière que de l'intérieur du royaume, n'y auront que le simple couvert, avec des lits garnis de linceuls, & place au feu & à la chandelle de l'hôte, suivant sa commodité.

Défense de faire le faux-saunage.

DÉFEND Sa Majesté aux Officiers, Gardes-du-corps, Gendarmes, Chevaux-légers, Mousquetaires, Cavaliers, Carabiniers, Hussards, Dragons & Soldats, de prendre aucun sel dans les pays étrangers, ou dans ceux de l'obéissance de Sa Majesté où la gabelle n'est point établie, ni de se charger d'aucun tabac ou autres marchandises prohibées, pour transporter, vendre ou débiter, en telle manière que ce puisse être, & à quelque personne que ce soit, dans les provinces du royaume; à peine aux Chefs & Commandans, de répondre sur les payes à eux ordonnées, & fur leurs biens, des dommages qui feroient faits aux fermes générales par ceux étant fous leur charge; & aux Gardes, Gendarmes, Chevaux-légers, Moufquetaires, Cavaliers, Carabiniers, Huffards, Dragons & Soldats, d'être punis fuivant la rigueur des ordonnances contre les faux-fauniers. Défend auffi Sa Majefté à tous fes Sujets, de quelque qualité & condition qu'ils foient, de commettre le faux-faunage, ni d'affifter & favorifer en quélque forte que ce foit, les gens de guerre qui le commettront, auffi fur les peines des ordonnances.

Défend encore Sa Majefté auxdits gens de guerre, d'aller, ni d'envoyer couper, abattre, ni prendre aucun bois dans les forêts & buiffons, à qui que ce foit qu'ils appartiennent, d'y chaffer à la campagne, en quelque lieu que ce puiffe être; de tirer avec fufils ni autres armes à feu fur les pigeons & fur le gibier, ni pêcher dans les étangs, à peine de punition corporelle : Voulant que les coupables des crimes ci-deffus foient punis par les Prevôts des Maréchaux, & à leur défaut par les Juges ordinaires des lieux, felon la rigueur des ordonnances; fans que les gens de guerre puiffent auxdits crimes alléguer aucune exception ni privilége, ni les Juges y avoir égard.

MANDE & ordonne Sa Majefté aux Généraux commandant fes armées, aux Officiers généraux ayant commandement fur fes troupes, aux Gouverneurs & Lieutenans généraux dans fes provinces, aux Gouverneurs & Commandans de fes villes & places, aux Infpecteurs généraux de fes troupes, aux Intendans de fes armées, dans fes provinces & fur fes frontières, aux Commiffaires des guerres, & à tous autres ſes Officiers qu'il appartiendra, de tenir la main à l'exécution de la préſente ordonnance. FAIT à Verſailles le premier avril mil ſept cent cinquante-neuf. *Signé* LOUIS. *Et plus bas,* LE M.^{AL} DUC DE BELLE-ISLE.

* 9 7 8 2 3 2 9 2 9 0 3 5 5 *